edition suhrkamp

Redaktion: Günther Busch

Félix Guattari
Psychotherapie, Politik und die
Aufgaben der institutionellen
Analyse

Vorwort von Gilles Deleuze

Suhrkamp Verlag

Tite
Au

edition
Erste Au
© Franç
Frankfur
vorbehal
Rundfun
und Bind

Inhalt

Gilles Deleuze
Vorwort. Drei Gruppenprobleme

Es kommt vor, daß ein politisch engagierter Mensch und ein Psychoanalytiker sich in ein und derselben Person begegnen, daß sie, statt sich voneinander abzugrenzen, statt alle möglichen Rechtfertigungen für eine Abgrenzung zu suchen, sich unaufhörlich vermischen, interferieren, kommunizieren, sich miteinander verwechseln. Seit Reich ist das ziemlich selten geworden. Pierre Félix Guattari läßt sich kaum von den Problemen der Einheit eines Ichs irritieren. Das Ich gehört eher zu jenen Dingen, die man unter dem vereinigten Druck der politischen und analytischen Kräfte auflösen muß. Guattaris Wort »Wir alle sind Gruppuskeln«[1] trifft genau die Suche nach einer neuen Subjektivität, einer Gruppensubjektivität, die sich nicht als Ganzes einschließen läßt, das prompt mit der Konstitution eines Ich oder, schlimmer noch, eines Über-Ich reagiert, sondern sich auf mehrere Gruppen zugleich erstreckt, die teilbar und multiplizierbar sind, die miteinander kommunizieren und die jederzeit aufgelöst werden können. Das Kriterium für eine gute Gruppe besteht darin, daß sie sich nicht vormacht, einzigartig, unsterblich und signifikant zu sein wie ein Verteidigungs- oder Sicherheitssyndikat, wie ein Ministerium der Kriegsveteranen, sondern sich auf ein Außen bezieht, das sie mit ihren Möglichkeiten des Unsinns, des Todes oder des Zerspringens konfrontiert, und zwar »gerade wegen ihrer Öffnung gegenüber anderen Gruppen«. Das Individuum seinerseits ist eine solche Gruppe. Guattari verkörpert auf ganz natürliche Weise die beiden Aspekte eines Anti-Ich: auf der einen Seite ein blinder und verhärteter Körper, der wie ein katatoner Kieselstein den Tod von allen Seiten in sich eindringen läßt, sobald er seine Brille abnimmt; auf der anderen Seite, sobald er hinschaut, agiert, lacht, denkt, angreift, sprüht es aus tausend Feuern, wimmelt es von vielfältigem Leben. Schließlich heißt er ja auch Pierre und Félix: schizophrene Potenzen.

Aus dieser Begegnung von Psychoanalytiker und Kämpfer leiten sich mindestens drei Problembereiche ab: 1. In welcher

Form soll man die Politik mit der Theorie und Praxis der Psychoanalyse verknüpfen (wenn schon feststeht, daß die Politik auf jeden Fall im Unbewußten selbst verankert ist)? 2. Ist es angebracht, die Psychoanalyse in die aktiv-revolutionären Gruppen einzubringen, und wenn ja, wie? 3. Wie können spezifische therapeutische Gruppen konzipiert und gebildet werden, die sowohl auf politische Gruppen als auch auf psychiatrische und psychoanalytische Strukturen Einfluß nehmen sollen? Im Zusammenhang mit diesen drei Problembereichen stellt Guattari hier eine Reihe von Aufsätzen vor, die zwischen 1965 und 1970 entstanden sind. Die beiden wichtigsten Bezugspunkte der sich in diesen Schriften abzeichnenden Evolution sind einerseits die Hoffnung/Hoffnungslosigkeit der Zeit nach der Befreiung und andererseits die Hoffnung/Hoffnungslosigkeit nach dem Mai 1968; dazwischen liegt die Maulwurfsarbeit, die den Mai vorbereiten sollte.

Im Hinblick auf das erste Problem wird deutlich, daß Guattari schon sehr früh das Gefühl hatte, daß das Unbewußte sich direkt auf ein ganzes soziales, ökonomisches und politisches Feld bezieht und nicht auf die mythischen und familialen Koordinaten, von denen die Psychoanalyse gewöhnlich spricht. Es geht um die Libido als Wesen des Wunsches und der Sexualität: sie besetzt die Ströme, die im sozialen Feld fließen, sie entzieht die Besetzung, macht Einschnitte in die Ströme, errichtet Sperren, erzeugt Durchbrüche, Stauungen. Und ganz ohne Zweifel operiert sie nicht manifest, folgt sie nicht den objektiven Interessen des Bewußtseins und den Verknüpfungen der historischen Kausalität; nein, sie entfaltet einen koextensiven latenten Wunsch im sozialen Feld, der zu Brüchen in der Kausalität führt, Besonderheiten hervorbringt, Schranken und Durchbrüche. 1936 bezeichnet nicht nur ein Ereignis im historischen Bewußtsein, sondern einen Komplex des Unbewußten. Unsere Lieben, unsere sexuelle Objektwahl, stammen weniger aus einem mythischen Mama–Papa als aus einem Real–Sozialen, aus den Interferenzen und Effekten der libidinös besetzten Ströme. Was liebt und tötet man nicht alles ... So macht Guattari denn der Psychoanalyse den Vorwurf, daß sie systematisch alle sozio-politischen Inhalte des Unbewußten zermalmt, die in Wirklichkeit die Wunschobjekte determinieren. Die Psychoanalyse, so Guattari, beginnt mit einem absoluten Narzißmus (Das Ding) und endet in einem Ideal der sozialen Anpassung, das sie Heilung nennt. Ein solches Vorgehen beläßt die jeweilige besondere soziale Konstellation im dunkeln, und gerade sie müßte erforscht und dürfte nicht der Erfindung eines abstrakten symbolischen Unbewußten geopfert werden. *Das Ding* ist kein rekursiver Horizont, der illusorisch eine individuelle Person begründet, sondern ein sozialer Körper, der den latenten Möglichkeiten als Basis dient. (Warum stehen die Verrückten auf der einen und die Revolutionäre auf der anderen Seite?) Wichtiger als Vater, Mutter und Großmutter sind all die Personen, die sich mit den fundamentalen Fragen der Gesellschaft wie beispielsweise dem Klassenkampf unserer Zeit beschäftigen. Wichtiger als die Geschichte der griechischen Gesellschaft, die sich eines schönen Tages den Ödipus »aus der Vorhaut gezogen hat«, ist die enorme Spaltung, die heute die kommunistische Welt kennzeichnet. Wie kann man die Rolle des Staates vergessen, solange die Libido, in Sackgassen gefangen, darauf reduziert ist, die intimistischen Bilder der Familie zu besetzen? Wie soll man glauben, daß der Kastrationskomplex jemals eine befriedigende Lösung findet, solange die Gesellschaft ihm die unbewußte Rolle der sozialen Regulierung und Repression zuschreibt? Kurz, die soziale Beziehung ist niemals ein Jenseits oder ein Nachher der individuellen und familiären Probleme. Es ist immerhin merkwürdig, wie sehr die sozioökonomischen und politischen Inhalte der Libido gerade dort zum Ausdruck kommen, wo wir es mit Syndromen mit besonders desozialisierten Aspekten zu tun haben, wie etwa der Psychose. »Ich bin überzeugt, [. . .] daß sich das Subjekt jenseits des Ich in alle vier Ecken des historischen Universums versprengt; im Delirium fängt einer an, fremde Sprachen zu sprechen, er halluziniert die Geschichte: die Klassenkonflikte, die Kriege werden Ausdruck seiner selbst. [. . .] Die Unterscheidung zwischen dem Privatleben und den verschiedenen Stufen des sozialen Lebens verliert ihren Sinn.« (Man denke zum Vergleich an Freud, der vom Krieg nur einen undeterminierten Todesinstinkt und einen nicht näher bezeichneten Schock wiedergibt, einen Exzeß der Erregung im Bum-Bum-Stil.)Dem Unbewußten seine historischen Perspektiven auf der Basis von Unsicherheit und Ungewißheit zurückzugeben, bedeutet einen Umbruch der Psychoanalyse und zweifellos auch eine Wieder-Entdeckung der Psychose unter dem Rauschgold der Neurose. Denn die Psychoanalyse hat sich in all ihren Bemühungen mit der allertraditionellsten Psychiatrie verbündet, um die Stimme der Verrückten zu ersticken, die hauptsächlich von Politik und Ökonomie, von Ordnung und Revolution reden. In einem kürzlich erschienenen Aufsatz zeigt Marcel Jaeger, daß »die Reden der Verrückten nicht nur die Dichte ihrer individuellen psychischen Störungen enthalten: der Diskurs des Wahnsinns artikuliert einen anderen Diskurs – den der politischen, sozialen und religiösen Geschichte, der im ersteren stets zum Ausdruck kommt. [. . .] In bestimmten Fällen ruft die Verwendung politischer Begriffe Krisenzustände hervor, als würde sie die Knoten und Widersprüche ans Licht befördern, in die der Verrückte verstrickt ist. [. . .] Es gibt keinen Ort im sozialen Feld, nicht einmal das Asyl, an dem sich die Geschichte der Arbeiterbewegung nicht niederschlägt.«[2] Diese Sätze drücken die gleiche Orientierung aus, den gleichen Versuch einer Neueinschätzung der Psychose wie die Arbeiten von Guattari, angefangen bei seinen ersten Aufsätzen.

Klar wird auch der Unterschied zu Reich: Es gibt keine libidinöse Ökonomie als subjektive, mit anderen Mitteln arbeitende Verlängerung der politischen Ökonomie; es gibt keine sexuelle Repression, die zur Internalisierung der ökonomischen Ausbeutung und politischen Unterdrückung führt. Der Wunsch als Libido ist überall und immer schon vorhanden, die Sexualität durchzieht das gesamte soziale Feld, verbindet sich mit ihm, sie deckt sich mit den Strömen, die den Objekten, Personen und Gruppensymbolen zugrunde liegen, deren Zerschneidung und Konstituierung selbst von ihnen abhängen. Genau das ist der latente Charakter der Wunschsexualität, der erst mit der sexuellen Objektwahl und ihren Symbolen manifest wird (es ist schon fast überdeutlich, daß die Symbole bewußt sexuell sind). Also ist die politische Ökonomie als solche, als Ökonomie der Ströme, unbewußt libidinös: es gibt keine zwei Ökonomien; der Wunsch oder die Libido ist nichts anderes als die Subjektivität der politischen Ökonomie. »Das Ökonomische ist in letzter Konsequenz die eigentliche Triebfeder der Subjektivität.« Genau das drückt der Begriff *Institution* aus, der sich durch die Subjektivität von Strömen und Einschnitten innerhalb der objektiven Formen einer Gruppe definiert. Der Dualismus von Objektivem und Subjektivem, von Infrastruktur und Gesamtstruktur, von Produktion und Ideologie verschwindet, um einer strengen Komplementarität von institutionellem Wunschsubjekt und institutionellem Objekt Platz zu machen. (Die institutionellen Analysen von Guattari müßten mit denen verglichen werden, die Cardan zur gleichen Zeit in *Socialisme ou Barbarie* veröffentlicht hat.)

Das zweite Problem – Ist es angebracht, die Psychoanalyse in die aktiv-revolutionären Gruppen einzubringen, und wenn ja, wie? – schließt natürlich jede »Applikation« der Psychoanalyse auf historische und soziale Phänomene aus. Mit solchen Applikationen, Ödipus voran, hat die Psychoanalyse sich schon zur Genüge lächerlich gemacht. Das Problem ist ein anderes – es betrifft die Situation, die einerseits dazu geführt hat, daß der Kapitalismus durch eine Revolution überwunden werden muß, und die andererseits aus der Russischen Revolution, der darauf folgenden Geschichte, den Organisationen der Kommunistischen Partei und den nationalen Gewerkschaften lauter Instanzen gemacht hat, die unfähig sind, diesen Umbruch zu vollbringen. Angesichts dessen besteht der dem Kapitalismus eigene Charakter, der als Widerspruch zwischen der Entwicklung der Produktivkräfte und den Produktionsverhältnissen dargestellt wird, in folgendem: Der Prozeß der Reproduktion des Kapitals, von denen die Produktivkräfte im jeweiligen Land abhängen, ist selbst ein internationales Phänomen, das eine weltweite Arbeitsteilung impliziert; gleichwohl kann der Kapitalismus weder den nationalen Rahmen sprengen, innerhalb dessen er seine Produktionsverhältnisse entwickelt, noch kann er auf den Staat als Instrument zur Verwertung des Kapitals verzichten. Der Internationalismus des Kapitals entsteht also durch nationale und staatliche Strukturen, die ihn hemmen und zugleich installieren; die die Rolle von Archaismen in aktueller Funktion spielen. Der »staatsmonopolistische Kapitalismus« ist keineswegs der Abschluß der Entwicklung, sondern das Resultat eines Kompromisses. Bei dieser »Enteignung des Kapitalisten inmitten des Kapitals« behält die Bourgeoisie zwar die volle Herrschaft über den Staatsapparat; aber sie muß sich immer mehr anstrengen, die Arbeiterklasse zu institutionalisieren und zu integrieren, so daß die Klassenkämpfe abgelenkt werden von den Orten und Faktoren der realen Entscheidung, die auf die internationale kapitalistische Ökonomie verweisen und weit über die Staatsgrenzen hinaus wirken. Das gleiche Prinzip kommt darin zum Zuge, daß »nur ein eng bemessener Bereich der Produktion an dem weltweiten Prozeß der Reproduktion des Kapitals beteiligt ist«, während der Rest, besonders in den Ländern der Dritten Welt, vorkapitalistischen Verhältnissen unterworfen bleibt (neue Archaismen einer zweiten Art).

In dieser Situation stellt man die Komplizenschaft der nationalen kommunistischen Parteien fest, die für die staatliche Integration des Proletariats kämpfen, und zwar so sehr, daß »ein guter Teil des nationalen Partikularismus der Bourgeoisie das Ergebnis des nationalen Partikularismus des Proletariats selbst ist und die innere Teilung der Bourgeoisie ein Ausdruck der Teilung des Proletariats«. Auf der anderen Seite dient der revolutionäre Kampf der Dritten Welt, auch wenn er für notwendig erachtet wird, in erster Linie als Wechselgeld für Verhandlungen; er verdeutlicht ebenfalls den Verzicht auf eine internationale Strategie und auf die Entfaltung des Klassenkampfes in den kapitalistischen Ländern. Kommt das nicht alles von der Parole: *Verteidigung der nationalen Produktivkräfte durch die Arbeiterklasse,* Kampf gegen die Monopole und Eroberung des Staatsapparats?

Der Ursprung dieser Situation ist in dem zu suchen, was Guattari den »großen leninistischen Einschnitt« von 1917 nennt, der die vorherrschenden Einstellungen, die wichtigsten Ausdrücke, die Initiativen und Stereotypen, die Phantasien und Interpretationen der revolutionären Bewegung ein für allemal festgelegt hat. Mit dieser Zäsur ist folgendes gemeint: ein wirklicher Bruch der historischen Kausalität durch die »Interpretation« des militärischen, ökonomischen, politischen und sozialen Chaos als Sieg der Massen. Statt der Notwendigkeit einer heiligen Allianz der Linken ergab sich die Möglichkeit der sozialen Revolution; aber diese Möglichkeit wurde nur in dem Sinne genutzt, daß man die Partei, die gestern noch ein bescheidenes Gebilde im Untergrund gewesen war, zu einem embryonalen Staatsapparat ausbaute, der in der Lage war, alles zu dirigieren, eine messianische Berufung zu erfüllen und sich den Massen zu substituieren. Auf mehr oder weniger lange Sicht ergaben sich daraus zwei Konsequenzen. Da der neue Staat von kapitalistischen Staaten umgeben war, nahm er zu ihnen Beziehungen auf, deren Ideal eine Art Status quo war: Was zur Zeit der NÖP[3] eine leninistische Taktik gewesen war, verwandelte sich in eine Ideologie der friedlichen Koexistenz und des ökonomischen Wettkampfs. Der Rivalitätsgedanke richtete die revolutionäre Bewegung zugrunde. Und sofern der neue Staat den proletarischen Internationalismus als seine Aufgabe betrachtete, konnte er die sozialistische Wirtschaft nur in Funktion des Weltmarkts und mit ähnlichen Zielen, wie das internationale Kapital sie hat, entwickeln; die Integration der lokalen kommunistischen Parteien in die kapitalistischen Produktionsverhältnisse wurde dadurch begünstigt, und zwar immer noch im Namen der Verteidigung der nationalen Produktivkräfte durch die Arbeiterklasse. Kurz, es ist falsch, mit den Technokraten zu behaupten, daß beide Arten von Regierung und Staat im Maße ihrer Evolution konvergierten; es ist aber genauso falsch, mit Trotzki von einem vernünftigen proletarischen Staat zu sprechen, der durch die Bürokratie pervertiert worden sei und durch eine politische Revolution schlicht wiederhergestellt werden könnte. Schon durch die Art und Weise, wie der Partei-Staat den kapitalistischen bürgerlichen Staaten auch in Zeiten der Feindschaft und Unverträglichkeit *entsprach*, war alles verspielt oder verraten. Ein Beweis dafür ist die in Rußland seit der frühen Auflösung der Sowjets außerordentlich schwache institutionelle Kreativität in allen Bereichen (so werden zum Beispiel durch den Import von Autofabriken, die wie Fertigteile geliefert werden, auch Typen menschlicher Beziehungen importiert, technologische Funktionen, Trennungen von Kopfarbeit und Handarbeit und Formen der Konsumtion, die dem Sozialismus von Grund auf fremd sind).

Diese ganze Analyse kommt erst im Zusammenhang mit der von Guattari eingeführten Unterscheidung von *unterworfenen Gruppen* und *Subjektgruppen* voll zur Geltung. Der Charakter der unterworfenen Gruppen zeigt sich ebensosehr in ihren selbstgewählten Herren, die als solche anerkannt werden, wie in den Massen selbst. Kennzeichnend ist die Hierarchie, die vertikale oder pyramidale Organisation, die den Zweck hat, jede Möglichkeit von Unsinn, Tod oder Bruch aus der Gruppe zu vertreiben, um so die Selbsterhaltungsmechanismen abzusichern, die auf dem Ausschluß anderer Gruppen beruhen; der Zentralismus der unterworfenen Gruppen arbeitet mit Strukturierung, Totalisierung und Unifizierung, er substituiert die Bedingungen einer wirklichen kollektiven Aussage durch eine Anordnung von stereotypen Ausdrücken, die von der Realität und zugleich von der Subjektivität abgeschnitten sind (in eben diesem Zusammenhang werden die imaginären Phänomene der Ödipalisierung, der Gruppenkastration produziert). Im Gegensatz dazu definieren sich die Subjektgruppen durch Koeffizienten der *Transversalität*, die sich gegen alle Totalitäten und Hierarchien auflehnen; sie sind Agenten der Aussage, Träger des Wunsches, Elemente der institutionellen Schöpfung; durch ihre Praxis werden sie unaufhörlich mit der Grenze ihres eigenen Unsinns, ihres eigenen Todes oder Bruchs konfrontiert. Im Grunde handelt es sich weniger um zwei Arten von Gruppen als vielmehr um zwei Seiten der Institution, denn eine Subjektgruppe läuft stets Gefahr, sich durch eine paranoische Verklammerung, durch den Willen, sich um jeden Preis als Subjekt zu erhalten und zu verewigen, unterwerfen zu lassen; umgekehrt kann »eine ehemals revolutionäre Partei, die sich jetzt mehr oder weniger der bestehenden Ordnung unterworfen hat, in den Augen der Massen immer noch den leergelassenen Platz des historischen Subjekts einnehmen und unter Umständen sogar ohne eigenes Zutun Subjekt des Ausdrucks eines revolutionären Kampfes werden, als ›Sprachrohr‹ eines Diskurses, der nicht der ihre ist, und auf die Gefahr hin, diesen zu verraten, sobald die Entwicklung der Kräfteverhältnisse ihr eine ›Rückkehr zur Normalität‹ gestattet. Auf diese Weise bewahrt eine solche Partei [. . .] fast unfreiwillig die Fähigkeit zum subjektiven Einschnitt, die durch eine Veränderung des Kontextes freigesetzt werden kann«. (Ein extremes Beispiel sind die Basken, die irländischen Katholiken etc., an denen sich zeigt, wie die schlimmsten Archaismen revolutionär werden können.)

Es ist nur allzu wahr, daß das Problem der Gruppenfunktionen von Grund auf erörtert werden muß, sonst ist es zu spät. Wie viele Grüppchen gibt es, die nur noch Phantom-Massen animieren, wie viele Grüppchen, die ihre Unterwerfungsstruktur schon haben, mit Führung, Transmissionsriemen und Basis, wie viele Grüppchen, die im leeren Raum genau die Fehler und Verzerrungen reproduzieren, die sie bekämpfen! Guattaris Erfahrung reicht vom Trotzkismus, vom Entrismus über die linke Opposition (la Voie communiste) bis zur Bewegung des 22. März. Den ganzen Weg begleitet ihn das Problem des Wunsches oder der unbewußten Subjektivität: Wie kann eine Gruppe zum Träger ihres eigenen Wunsches werden, ihn mit dem Wunsch anderer Gruppen in Verbindung bringen, mit dem Wunsch der Massen; wie kann sie die korrespondierenden kreativen Ausdrücke produzieren und Bedingungen herstellen, die nicht die ihrer Unifizierung sind, sondern die ihrer Multiplikation, die den Bruch von Ausdrücken begünstigen? Die Verkennung und die Unterdrückung von Wunschphänomenen inspirieren die Unterwerfungs- und Bürokratisierungsstrukturen, den von Haß–Liebe getragenen militanten Stil, der über eine bestimmte Anzahl exklusiv herrschender Ausdrücke entscheidet. Die Konstanz, mit der die revolutionären Gruppen ihre Aufgabe verraten haben, ist nur allzu bekannt. Sie arbeiten mit Abtrennung, Herauslösung und residualer Selektion: Abtrennung einer angeblich wissenden Avantgarde; Herauslösung eines wohldisziplinierten, organisierten und hierarchisierten Proletariats; Residuum eines Subproletariats, das so dargestellt wird, als müsse es entweder ausgeschlossen oder ›umerzogen‹ werden. Diese dreifache Teilung reproduziert genau die Teilungen, die die Bourgeoisie in das Proletariat eingebracht hat, die Teilungen, auf die die Bourgeoisie ihre Macht im Rahmen der kapitalistischen Produktionsverhältnisse gründet. Der Vorwand, daß man sie gegen die Bourgeoisie wenden könnte, bezeichnet ein von vornherein verlorenes Spiel. Die revolutionäre Aufgabe ist die Abschaffung des Proletariats selbst; das bedeutet die sofortige Aufhebung der korrespondierenden Unterscheidungen von Avantgarde und Proletariat, Proletariat und Subproletariat, den effektiven Kampf gegen jede Abtrennung, Herauslösung und residuale Selektion, es bedeutet die Freilegung von subjektiven und besonderen Positionen, die in der Lage sind, transversal zu kommunizieren (siehe den Text von Guattari *Der Student, der Verrückte und der Katangese*).

Guattaris Stärke besteht darin, zu zeigen, daß das Problem keineswegs das einer Alternative zwischen Spontaneismus und Zentralismus ist, keine Alternative zwischen Guerilla und allgemeinem Krieg. Lippenbekenntnisse für eine gewisse berechtigte Spontaneität in der ersten Phase, auf die Gefahr hin, daß man für die zweite Phase eine Zentralisierung verlangt, helfen überhaupt nichts: Die Theorie der Phasen schadet jeder revolutionären Bewegung. Wir müssen von Anfang an zentralistischer sein als die Zentralisten. Ganz offensichtlich kann sich eine revolutionäre Maschine nicht auf lokale und punktuelle Kämpfe beschränken: hyper-wunschbezogen und hyperzentralisiert, sie muß alles zugleich sein. Das Problem ist also das einer Unifizierung, die transversal vorgeht, durch die Vielfalt hindurch, aber nicht vertikal und ohne die dem Wunsch eigene Vielfalt zu zermalmen. Das bedeutet erstens, daß die Unifizierung die *einer Kriegsmaschine und nicht die eines Staatsapparats* sein muß (die Rote Armee hört dann auf, eine Kriegsmaschine zu sein, wenn sie zum mehr oder weniger determinierenden Getriebe des Staatsapparates wird). Zweitens bedeutet es, daß die Vereinheitlichung durch *Analyse* geschehen muß, daß sie in ihrem Verhältnis zum Gruppenwunsch und zum Wunsch der Massen die *Rolle eines Analysators* spielen muß, nicht die Rolle einer Synthese, die mit Rationalisierung, Totalisierung oder Ausschluß arbeitet. Das Buch von Guattari führt uns an zwei große Linien heran, die seiner Ansicht nach die theoretische Aufgabe unserer Zeit markieren: *was eine Kriegsmaschine ist im Unterschied zum Staatsapparat, und was eine Analyse oder ein Wunschanalysator ist im Gegensatz zu den pseudo-rationalen Synthesen.*

Was das letztere betrifft, so geht es mit Sicherheit nicht um eine »Applikation« der Psychoanalyse auf Gruppenphänomene, es geht aber auch nicht um eine therapeutische Gruppe, die die Massen »behandeln« will, sondern es geht darum, in der Gruppe die Voraussetzungen für eine Wunschanalyse zu schaffen, bei sich selbst und bei den anderen; man muß den Strömen mit ihren zahlreichen Ausflüssen in der kapitalistischen Gesellschaft folgen, Zäsuren innerhalb des sozialen

Determinismus und der historischen Kausalität erzwingen; man muß die kollektiven Agenten der Aussage freisetzen, die zur Bildung der neuen Wunschausdrücke fähig sind; statt einer Avantgarde müssen Gruppen entstehen, die in unmittelbarem Zusammenhang mit den gesellschaftlichen Prozessen die Wahrheit auf Wegen vorantreiben, auf denen sie gewöhnlich nicht vermutet wird. Mit einem Wort, es geht um eine revolutionäre Subjektivität, die die Frage nach der Rangfolge der ökonomischen, politischen oder libidinösen Determinationen erübrigt, da sie alle traditionellerweise voneinander getrennten Ordnungen durchquert. Im Mittelpunkt steht das Erfassen genau der *Bruchstelle,* wo politische Ökonomie und libidinöse Ökonomie eins sind. Denn das Unbewußte ist nichts anderes als diese Ordnung der Gruppensubjektivität, die die sogenannten signifikanten Strukturen und kausalen Ketten durch Explosionsmaschinen aufsprengt, die sie zwingt, sich zu öffnen und ihre versteckten Potenzen als ein künftiges Reales unter der Wirkung des Bruchs freizusetzen. Die Bewegung des 22. März ist in dieser Hinsicht exemplarisch; obwohl sie eine unzulängliche Kriegsmaschine war, hat sie es immerhin in bewundernswerter Weise geschafft, als analytische und wunschbezogene Gruppe zu funktionieren; nicht nur, daß ihr Diskurs der einer wirklich freien Assoziation war, sondern sie machte sich darüber hinaus zum »*Analysator* einer ganz beträchtlichen Menge von Studenten und jungen Arbeitern«, und zwar ohne avantgardistische oder hegemoniale Ansprüche, als einfacher Träger von Möglichkeiten der Übertragung und der Aufhebung der Hemmungen. Eine solche in Handlung eingebettete Analyse, wo die Analyse und der Wunsch schließlich auf der gleichen Seite stehen, wo es der Wunsch ist, der die Analyse führt, ist genau das Charakteristikum von Subjektgruppen, während sich die unterworfenen Gruppen weiterhin den Gesetzen einer schlichten »Applikation« der Psychoanalyse im geschlossenen Milieu (dem der Familie als Fortsetzung des Staates mit anderen Mitteln) beugen. Der ökonomische und politische Gehalt der Libido, der libidinöse und sexuelle Gehalt des polit-ökonomischen Feldes, der ganze *Ausfluß der Geschichte* offenbart sich nur im offenen Milieu und in Subjektgruppen, an Orten der Wahrheit. Denn die »Wahrheit ist weder Theorie noch Organisation«, weder die

Struktur noch der Signifikant, sondern vielmehr die Kriegs-maschine und ihr Unsinn. »Ist die Wahrheit einmal da, müs-sen Theorie und Organisation sehen, wie sie damit fertigwer-den. Selbstkritik ist immer Sache der Theorie und der Organi-sation, niemals Sache des Wunsches.«

Eine solche Transformation der Psychoanalyse in Schizo-Analyse setzt die Evaluation der Besonderheit des Wahnsinns voraus. Das ist einer der Punkte, die von Guattari klar hervor-gehoben werden und in denen er mit Foucault übereinstimmt, der behauptet, daß nicht der Wahnsinn zu Gunsten der positiv bestimmten, behandelten und »aseptisierten« Geisteskrank-heiten verschwinden wird, sondern umgekehrt die Geistes-krankheiten zu Gunsten eines Phänomens von Wahnsinn, das wir noch nicht verstanden haben.[4] Die wirklichen Probleme liegen im Bereich der Psychose (keineswegs in dem der Appli-kationsneurosen). Es bereitet immer wieder Spaß, den positi-vistischen Unsinn herauszufordern, bloßzustellen: Guattari gibt keine Ruhe, wenn es darum geht, die Berechtigung eines metaphysischen oder transzendentalen Standpunktes zu ver-teidigen, dessen Interesse es ist, den Wahnsinn von der Gei-steskrankheit zu reinigen: »Wird die Zeit kommen, wo die Gott-Definitionen eines Präsidenten Schreber oder eines An-tonin Artaud mit dem gleichen Ernst, der gleichen Strenge studiert werden, wie die von Descartes oder Malebranche? Wird man noch lange auf der Kluft zwischen dem angeblichen Ressort einer reinen theoretischen Kritik und der konkreten analytischen Aktivität der Humanwissenschaften herumrei-ten?« (Wir müssen verstehen, daß die verrückten Definitionen in Wirklichkeit ernsthafter und rigoroser sind als die krank-haft-rationalen Definitionen, mit denen sich die unterworfe-nen Gruppen in Gestalt der Vernunft auf Gott beziehen.) Genau genommen wirft die institutionelle Analyse der Anti-psychiatrie nicht nur vor, daß sie jedweden Gebrauch von Pharmaka ablehnt und jede revolutionäre Möglichkeit der Institution verneint, sondern vor allem, daß sie im Grenzfall die geistige Entfremdung mit der sozialen Entfremdung ver-wechselt und so die Besonderheiten des Wahnsinns unter-schlägt. »Mit den besten moralischen und politischen Inten-tionen der Welt verweigert man dem Verrückten das Recht, verrückt zu sein; mit dem Argument ›*Die Gesellschaft ist an allem schuld*‹ kann eine Form der generellen Unterdrückung von Devianz verschleiert werden. Die Negation der Institution wird dann zu einer Verneinung der Besonderheiten der geistigen Entfremdung.« Das heißt keineswegs, daß man den Wahnsinn gewissermaßen generalisieren oder eine mystische Identität von Revolutionär und Verrücktem annehmen sollte. Der Versuch, einer Kritik zu entgehen, die ohnehin vorgebracht wird, ist zweifellos sinnlos. Es soll allerdings gesagt sein, daß nicht der Wahnsinn auf die Ordnung des Allgemeinen reduziert werden muß, sondern daß, im Gegenteil, die moderne Welt im allgemeinen oder das gesamte soziale Feld *auch* in Funktion der Besonderheit des Verrückten in seiner subjektiven Position interpretiert werden muß. Die revolutionären Linken können sich der direkten Betroffenheit durch Delinquenz, Devianz und Wahnsinn nicht entziehen; betroffen sind sie, im Unterschied zu Erziehern oder Reformern, als Personen, die das Gesicht ihrer eigenen Unterschiedlichkeit nur im Spiegel der genannten Phänomene erkennen können. Davon zeugt ein Auszug aus dem Dialog mit Jean Oury im vorliegenden Band: »Eine militante Gruppe müßte sich im Bereich der Psychiatrie durch etwas spezifizieren, und zwar durch ihr Engagement im sozialen Kampf; außerdem muß man selbst verrückt genug sein, um die Möglichkeit zu haben, mit Verrückten zusammenzusein; nun gibt es aber Leute, die politisch sehr gut sind, aber unfähig, sich an solchen Gruppen zu beteiligen . . .«

Guattaris besonderer Beitrag zur institutionellen Psychotherapie sind bestimmte Begriffe, deren Entwicklung hier direkt verfolgt werden kann: die Unterscheidung von zwei Arten von Gruppen, der Antagonismus zwischen Gruppenphantasie und individueller Phantasie, das Konzept der Transversalität. Und diese Begriffe haben eine zielgerichtete praktische Orientierung: Sie sollen eine militante politische Funktion in die Institution einführen, eine Art »Monstrum«, das weder die Psychoanalyse noch die Krankenhaus-Praxis und erst recht nicht die Gruppendynamik ist – eine Produktions- und Ausdrucksmaschine des Wunsches, die den Anspruch erhebt, überall, im Krankenhaus, in der Schule, im politischen Kampf anwendbar zu sein. Deshalb zog Guattari den Namen institutionelle Analyse dem der institutionellen Psychotherapie vor. Mit der institutionellen Bewegung im Sinne von Tosquelles und Jean Oury begann in der Tat ein drittes Zeitalter der Psychiatrie: die Institution als Modell, jenseits von Gesetz und Vertrag. Wenn das alte Asyl unter der Herrschaft des repressiven Gesetzes stand, weil die Verrückten als »unzurechnungsfähig« eingestuft und daher aus den Vertragsbeziehungen der angeblich vernünftigen Wesen ausgeschlossen wurden, bestand der Freudsche Coup darin, daß er zeigte, wie eine große Gruppe der als Neurotiker bezeichneten Personen aus bürgerlichen Familien und an der Grenze des Asyls in einen besonderen Vertrag einbezogen werden konnten, der sie auf neuen Wegen wieder in die Normen der traditionellen Medizin zurückführte (der psychoanalytische Vertrag als besonderer Fall der liberal-medizinischen Vertragsbeziehung). Der Verzicht auf die Hypnose war ein wichtiger Schritt in dieser Richtung. Unserer Ansicht nach sind Rolle und Wirkung dieses Vertragsmodells, in das die Psychoanalyse hineingeraten ist, noch nicht analysiert worden. Eine der wichtigsten Folgen war die, daß die Psychose als wirkliche Quelle der klinischen Phänomene zwar im Gesichtskreis der Psychoanalyse verblieb, aber dennoch aus dem vertraglich abgesteckten Feld ausgeschlossen war. Kein Wunder also, daß die institutionelle Psychotherapie in ihren entscheidenden Ansätzen den sogenannten liberalen Vertrag ebenso scharf kritisierte wie das repressive Gesetz, dem sie das Modell der Institution substituieren wollte. Diese Kritik weitete sich in dem Maße aus, in dem die pyramidale Gruppenorganisation, ihre Unterwerfung und ihre hierarchische Arbeitsteilung nicht nur auf den Vertragsbeziehungen beruhten, sondern auch auf legalistischen Strukturen. In dem Text über die Beziehungen zwischen Pflegern und Ärzten spricht Jean Oury von einem »Rationalismus der Gesellschaft, der eher eine Rationalisierung von Unehrlichkeiten und Gemeinheiten ist. Die Sicht von innen meint die Beziehungen zu den Verrückten im täglichen Kontakt, unter der Bedingung, daß *ein bestimmter ›Vertrag‹ mit der Tradition durchbrochen wird*. In gewissem Sinne kann man also sagen: Wer weiß, was es heißt, mit den Verrückten Kontakt zu haben, ist zugleich progressiv. [. . .] Es liegt auf der Hand, daß schon die Termini Pfleger-Arzt Teil dieses

Vertrags sind, von dem wir gesagt haben, er müsse gebrochen werden.« In der institutionellen Psychotherapie gibt es eine Art psychiatrische Inspiration à la Saint-Just, in dem Sinne nämlich, in dem Saint-Just die republikanische Regierung durch viele Institutionen und wenige Gesetze (und auch wenige Vertragsbeziehungen) definierte. Die institutionelle Psychotherapie bahnt sich ihren schwierigen Weg zwischen der Antipsychiatrie, die in hoffnungslose Vertragsformen zurückzufallen neigt (vgl. das neueste Interview mit Laing), und der Gemeindepsychiatrie mit ihrer Quadrierung des Stadtbezirks und ihrer planmäßigen Triangulation – beides Konzepte, die leicht dazu führen können, daß wir den geschlossenen Asylen von ehemals nachtrauern. O die gute alte Zeit, der alte Stil . . .

In diesem Zusammenhang versteht Guattari die Probleme über die Natur der aus Behandelnden und Behandelten bestehenden Gruppen und ihre Fähigkeit, Subjektgruppen zu bilden, das heißt Gruppen, die aus der Institution das Objekt einer wirklichen Kreativität machen, wo Wahnsinn und Revolution das Gesicht ihrer Unterschiedlichkeit in den besonderen Positionen einer Wunschsubjektivität wiederfinden, ohne sich miteinander zu verwechseln. Wie soll man die Unterwerfung in Gruppen bekämpfen, die, gestützt durch die Psychoanalyse, selbst unterworfen sind? Und auf welcher Seite der Institution stehen die psychoanalytischen Gesellschaften, zu welcher Gruppe gehören sie? Vor dem Mai 1968 widmete Guattari einen großen Teil seiner Arbeit dem Problem der »Bearbeitung der Krankheit durch die Kranken selbst, eingebettet in die Unterstützung des gesamten studentischen Milieus«. Ein gewisser Traum vom Unsinn und vom *leeren Sprechen*, das sich gegen das Gesetz und den Vertrag des vollen Sprechens erhebt, und der Glaube an eine gewisse Legitimität der *Schizo-Ströme* haben Guattari nie verlassen; solche Anregungen spielen eine wichtige Rolle in seinem Versuch, die hierarchischen oder pseudo-funktionalen Teilungen und Abgrenzungen zu zerschlagen – Pädagogen, Psychiater, Analytiker, Revolutionäre . . . Alle Texte dieses Bandes sind aus bestimmten Konstellationen heraus entstanden. Sie tragen alle eine doppelte Bestimmung: die eine verweist auf den jeweiligen Ursprung der Texte, eine Wende der institutionellen Psychotherapie, einen konkreten Augenblick des politischen Lebens, einen bestimmten Aspekt der Freud-Schule oder der Lacanschen Lehre, und die andere ist die ihrer Funktion, ihres möglichen Funktionierens in anderen Kontexten als denen ihres Ursprungs. Dieses Buch muß als Montage oder Installation von einzelnen Teilen und Räderwerken einer Maschine verstanden werden. Manchmal sind es nur winzig kleine, feingliedrige Räderwerke, die durcheinandergeraten und deshalb um so unentbehrlicher sind. Wunschmaschine, das heißt Kriegsmaschine und Analysemaschine. In diesem Sinne gewinnen zwei Texte besondere Bedeutung, ein theoretischer Text, in dem sich das Prinzip der *Maschine* als solches aus der Hypothese der Struktur löst und sich von den strukturellen Bindungen abtrennt (*Maschine und Struktur*) und ein Schizo-Text[5], in dem sich die Begriffe »Zeichen-Punkt« und »Flecken-Zeichen« von der Hypothek des Signifikanten befreien.

Anmerkungen:

1 *Nous sommes tous des groupuscules* ist der Titel eines Aufsatzes von Guattari in: *Psychanalyse et transversalité,* der in die deutsche Ausgabe nicht übernommen wurde. *A. d. Ü.*

2 Marcel Jaeger, *L'Underground de la folie,* in: *Folie pour folie, Partisans,* Februar 1972.

3 *Nouvelle Économie Politique. A. d. Ü.*

4 Michel Foucault, *Historie de la folie,* éd. Gallimard, Anhang I. (Deutsche Übersetzung ohne Anhang: *Wahnsinn und Gesellschaft*),Frankfurt/M. 1969.

5 Es handelt sich um den Text *D'un signe à l'autre* in: *Psychanalyse et transversalité,* der nicht in die deutsche Ausgabe übernommen wurde. *A. d. Ü.*

Anmerkungen zur institutionellen Therapie und zu den mentalhygienischen Problemen im studentischen Milieu*

Die Untersuchung von Problemen der geistigen Gesundheit müßte ein integraler Bestandteil der anthropologischen Forschung sein. Dennoch wird die »Sache der Geisteskrankheit« im allgemeinen als exklusives Ressort von Spezialisten betrachtet; neben dieser »Technisierung« kommen u. a. quasi magische Überreste aus dem Mittelalter zum Zuge, die die medizinischen und paramedizinischen Funktionen verwischen (zum Beispiel: die Standesorganisationen von Ärzten und Apothekern, der »Eid des Hippokrates«, die »Berufung« der Krankenschwestern, Sozialarbeiter etc.)

Aufgrund der enormen Starrheit der gegenwärtigen Krankenhaus-Strukturen, aufgrund von Einstellungen und sozialen Handlungen, die sich hinter dem Vorwand des Wahnsinns verstecken, sowie der Tatsache, daß die wissenschaftliche und technische Tätigkeit diese Domäne der Irrationalität bisher nur am Rande erfaßt hat, scheint die Psychiatrie von Archaismen dieser Art deutlich gezeichnet zu sein. Nehmen wir zum Beispiel den spektakulären Aufstieg der Chemotherapie im psychiatrischen Bereich in den letzten Jahren. Jeden Monat kommen neue Medikamente auf den Markt, von denen einige wertvoll sind für die therapeutische Intervention; aber auch sie müßten sorgfältig und im Zusammenhang mit einer ganzen Reihe anderer psychotherapeutischer, ergotherapeutischer, institutioneller etc. Verfahren angewandt werden. Leider ist dies selten der Fall. Das hat zum Teil seine Ursache in der katastrophalen Infrastruktur in Krankenhäusern, die es dem Arzt einer psychiatrischen Anstalt unmöglich macht, seine Rolle korrekt zu erfüllen; es rührt jedoch gleichermaßen von der traditionellen Einstellung der Praktiker her, die annehmen, ihre Rolle müsse sich auf Untersuchungen und Verordnungen beschränken, die ausschließlich den »kranken Teil« des Subjekts betreffen, ohne daß sie sich für seine anderen persönlichen, familiären, beruflichen u. ä. Probleme interessieren, obwohl eine Aufhellung gerade dieser Zusammenhänge eine notwendige Voraussetzung für den Erfolg jedweder Kur ist. Gleichzeitig und trotz der unbestreitbaren Heilungseffekte haben die neuen Medikationen allem Anschein nach zum Vorwand für eine Verstärkung bestimmter Mechanismen gedient: der Verkennung, der Vermeidung, der Flucht, der Rationalisierung angesichts wesentlicher Phänomene der geistigen Entfremdung, und dadurch einer noch stärkeren »Verdinglichung« des Kranken Vorschub geleistet. Beim Wort genommen, manifestiert sich das »Ding« in zahlreichen Einrichtungen, in denen die besiegten Erregungszustände einer allgemeinen Abstumpfung durch hohe Dosen von Neuroleptika gewichen sind.

Ein veränderndes Element ohne Belang blieb auch die psychoanalytische Technik am entgegengesetzten Pol, die zwar in authentischer Weise den Problemen auf den Grund geht, aber im Bereich der psychiatrischen Praxis wegen einer quasi aristokratischen, wenn nicht gar initiationshaften Konzeption vom Beruf des Analytikers meist ihr Objekt verfehlt. Bis zur Stunde ist es eine Ausnahme, wenn ein hospitalisierter Kranker in die Gunst einer psychoanalytischen Kur kommt. Wenn es eines Tages genügend ausgebildete Analytiker geben sollte, die auch bereit wären, ganztags in Pflegeinstitutionen zu arbeiten, müßten sie sich mit dem Problem gewisser Modifikationen der psychoanalytischen Technik und ihrer Indikationen auseinandersetzen, um sie an Geisteskrankheiten zu adaptieren, wie sie sich außerhalb des privaten Sprechzimmers darstellen.

Die gesamte Gesellschaft ist für das verantwortlich, was aus den für das Studium von moralischen und menschlichen Werten bevorzugten Stätten wie Gefängnissen, Konzentrationslagern, Kasernen, psychiatrischen Anstalten etc. hervorgeht. Eine solide anthropologische Forschung müßte es sich zur Aufgabe machen, diese mehr oder weniger aus dem sozialen Feld »abgedrängten« Regionen zumindest in normativer Hinsicht *zurückzuführen,* damit die Gesellschaft wieder als Erzeugerin solcher »Symptome« erkannt wird, und mit dem Ziel, ein Konzept und eine Praxis zu entwerfen, die die bestehende Situation verändern können.

Es wäre absurd, die Verantwortlichkeit auf die sozialen

Gruppen, die hier unmittelbar betroffen sind, zu verteilen. Die medizinische Körperschaft, das Krankenhaus-Personal, die sozialen Organe, die Benutzer sind, jeder auf seine Weise, Gefangene des gleichen Problemkomplexes, dessen Schlüssel auf der Ebene der Gesamtgesellschaft zu suchen ist. Diese produziert auf jeder Stufe ihrer Entwicklung eine besondere Modalität der Entfremdung des Individuums von den Kollektivstrukturen: in Familien, Schulen, Berufen, Krankenhäusern etc. Und diese allgemeinen Entfremdungsfaktoren haben den Effekt, die Bedeutung der individuellen Dimensionen der Entfremdung, mit denen man es bei Geisteskranken meistens zu tun hat, zu verzerren und zu verschleiern. Hinter jedem »Fall« steht ein menschliches Drama, das dechiffriert werden muß. Aber die Instrumente für diese Dechiffrierung müssen erst gefunden werden, und zwar vor allem auf den Ebenen der gesellschaftlichen Entfremdung, wo das Subjekt sich in gewisser Weise seines besonderen Problems »beraubt« fühlt.

Der von Couchner[1] eingeführte Begriff der »vorläufigen Neurose« scheint uns ein interessanter Ansatz, der freilich leider auf einem allgemeinen Niveau bleibt und nicht erlaubt, die ganze Tragweite des Problems zu erfassen, das unserer Ansicht nach zu einer tiefgreifenden Veränderung der Semiologie und der Nosographie, der Referenzebenen und der aktuellen therapeutischen Praxis führen müßte. In diesem Sinne müssen wir davon ausgehen, daß die *Analyse* sich nicht in einem begrenzten Bereich verschanzen kann; sie muß sich in das gesamte menschliche Feld als biologische, soziale, historische, familiale, imaginäre oder auch ethische Realität begeben.

Wie kann man aber eine Veränderung jener Grenzen erreichen, die stets neu entstehen und jeden neuen Ansatz zu lähmen vermögen: aufgespaltene Alternativen, z. B. zwischen dem Biologischen und dem Psychologischen, dem Neurotischen und den Charakterveränderungen, dem Psychotischen und dem Neurotischen, der gesamten Vorgeschichte und dem Psychosomatischen, der »streng neuroleptischen Behandlung« und der anderen, der garantiert »reinen Psychotherapie«, zwischen den verschiedenen Psychotherapien und den Stütztherapien und dann den Gruppentherapien? Und wie soll man diese Fragen in der schlecht erforschten, anderen Welt der

Readaptation, der Wiedereingliederung, der Freizeit vorbringen? Wie vermeiden, daß die Spezialisten sich in ihren Konzepten und Techniken einschließen wie in einer Festung, daß sie den Kranken wegen jeder Kleinigkeit, die sie nicht verstehen, an andere Spezialisten weiterreichen, ohne sich darum zu scheren, ob diese ihm überhaupt zur Verfügung stehen oder ob sie in der Lage sind, besser als sie selbst auf bestimmte wesentliche Fragen zu antworten, solche, die gar nicht in das Ressort eines Spezialisten, sondern in das eines »wahrhaftigen« Subjektes fallen? Laufen sie nicht Gefahr, mit ziemlich hoher Wahrscheinlichkeit am Subjekt »vorbeizugehen«?

Mit diesen Sorgen befassen sich Versuche der Gruppenmedizin, der synthetischen Versammlungen etc. Doch besteht bei ihnen nicht ebenfalls das Risiko, das Wesentliche zu verfehlen, ohne daß dem Kranken in diesem Fall eine imaginäre Zuflucht bliebe, die Hoffnung, anderswo den »guten Spezialisten« zu finden? Die kollektive Behandlung eines Kranken ist ohne Zweifel ausgesprochen wünschenswert; aber sie muß Angelegenheit einer Subjektgruppe sein, die sich auf dem Boden einer gemeinschaftlichen Praxis von Analyse und Forschung konstituiert. Dies bedeutet übrigens keinen Verzicht auf Spezialisten, die individuell eine Kur betreiben; allerdings muß hier nun die Beziehung zwischen Therapeut und Patient vor einer Bezugs-Gruppe artikuliert werden, die all das aufgreift, was dieser dualen Beziehung entgehen könnte. Die Ausbildung von Therapeuten ist zur Zeit streng individualistisch konzipiert, was sie kaum auf eine zukünftige Arbeit in Gruppen vorbereiten dürfte. Von einer bestimmten Stufe an ist die Ausbildung von therapeutischen Gruppen eigentlich unerläßlich. Statt nach dem Zufall der Nominierung Ärzte, Direktoren oder Ökonomen, die keinerlei gemeinsame Ausbildung haben, an die Leitungsstelle der Krankenhauseinrichtungen zu setzen, müßte diese Aufgabe von Technikergruppen wahrgenommen werden, deren Mitglieder sich lange mit den Problemen befaßt haben und die sich aufgrund gelegentlicher gemeinsamer Arbeiten gegenseitig kennen.

Die Geschichte eines kranken Subjektes hinreichend zu erfassen, setzt nicht nur den Informationsaustausch zwischen den Therapeuten voraus, sondern auch, daß die institutionelle Umgebung, die Aktivitäten usw. unter der effektiven Verantwortung des gesamten Pflegepersonals stehen. Ist man bereit, diesen Preis zu bezahlen, so verringert sich das Risiko, daß sich die Handlungen der einen oder der anderen durchkreuzen. Um diesen Preis haben auch die Therapeuten selbst eine hohe Gewißheit, sich nicht in imaginären Fallen zu verfangen – Fallen, die gerade diese Berufe, in denen sich die »Person« gewöhnlich in der Rolle des modernen Magiers, des Schamanen oder Alchimisten zeigt, besonders bedrohen.

Das Einverständnis, einen Kreislauf, eventuell auch eine *Ablehnung* seiner Rolle, seiner Untersuchungen, der vorgeschlagenen Mittel und ihrer Wirksamkeit in Gang zu setzen, bedeutet für jeden der therapeutischen Agenten eine radikale Infragestellung des traditionellen Status. Gruppenarbeit konstituiert als solche eine von der Struktur her günstige Voraussetzung für die positive Wahrnehmung von Geisteskrankheiten. Die von unserer Gesellschaft geformten Individuen sind gewohnt, sich in einem Feld von sich gegenseitig ausschließenden Kategorien zu bewegen. Wenn sie ihre Schwierigkeiten Leuten »vorstellen«, die ohne viel Aufhebens Therapien kombinieren, die gleichermaßen auf dem Gebrauch von Medikamenten, dem »Logos«, auf Verantwortlichkeitsübertragung, Arbeit, Spiel oder Lernen beruhen können, ist bereits ein wichtiger Schritt getan. Diese (minimale) Entmystifizierung der üblichen Kategorisierungen ist eine entscheidende Etappe im Rahmen einer Kur, die den Anspruch erhebt, *das Subjekt nicht zu verfehlen.*

Man muß jedoch wissen, daß die Techniker gewöhnlich Agenten der aktiven Transmission dieser entfremdenden Kategorisierungen sind. Bestimmte therapeutische Praktiken werden so hoch bewertet, daß sie die Bedeutung aller anderen Interventionsmodi auszuschließen drohen. Es besteht eine Art quasi religiöser Hierarchie, auf deren Gipfel wir beispielsweise Mediziner und Psychoanalytiker finden, während die Pfleger, Praktikanten und Sozialarbeiter ihr »Heil« nur dann finden, wenn sie sozusagen in die Gunst einer partiellen Delegierung ärztlicher Macht kommen. Statt seine Rolle authentisch gegenüber dem Kranken zu erfüllen, hält sich der Pfleger oft für einen Mediziner der zehnten Kategorie, obwohl er als Pfleger über eine privilegierte und oft unersetzbare therapeutische Macht verfügt. Der Kranke formt seine Einstellung nach der des Pflegers; folglich ist er überzeugt, nur in den seltenen Augenblicken, in denen er dem »Chef« begegnet, ein »gutes Wort« zu hören. Diese Dialektik von Herr und Knecht ist also nicht einseitig: Die »Minorisierung« des Pflegers hat Rückwirkungen auf die Beziehung zwischen Pflegern und Kranken, wodurch die letzteren zum Pflege*objekt* werden. Entsprechend neigen Pfleger und Kranke zu einer Sterilisierung der Arztrolle, insofern dem Arzt ein ganzer Bereich des täglichen Lebens in der Institution vollständig entgeht.

Was wir über das Pflegepersonal gesagt haben, trifft genauso auf die Totalität aller anderen Arbeiter in Krankenhauseinrichtungen zu, ob es sich nun um den Koch, den Chauffeur, das Zimmermädchen oder andere handelt. Die *Rückführung* der Totalität des Personals einer Krankenhauseinheit, die jedem Gelegenheit gibt, eine menschliche Rolle gegenüber dem Kranken authentisch zu spielen, sowie ein Arrangement der Arbeitsstellen, der Arbeitszeit, der Ausbildung etc., das häufigen Kontakt und Möglichkeiten zu gemeinsamen Tätigkeiten begünstigt, eröffnen eine außergewöhnliche Chance, das therapeutische Feld zu erweitern. Selbstverständlich setzt ein solches Vorgehen kontinuierliche Studien und Kontrollen durch das Pflegekollektiv als Ganzes voraus.

Gewiß können die Disparitäten des pflegerischen Bereichs (als eines sozialen Feldes) nicht vollständig aufgehoben werden; wesentlich ist indes, daß ihre pathogenen Effekte resorbiert werden. Dies geschieht insbesondere durch die systematische Organisierung von Begegnungen und Versammlungen, die die Möglichkeit schaffen, Probleme zur Sprache zu bringen, die andernfalls den Zweck des gesamten Systems untergraben würden. Es gibt keinerlei institutionelle »Formel«, die per se als ursprünglich oder empfehlenswert gelten könnte; im Gegenteil, ausschlaggebend ist eine Gesamtorientierung, die auf eine tiefgreifende Umwandlung der gewohnten professionellen Rollen drängt, zumindest unter dem Aspekt ihres Erlebens. Das verlangt von der Gruppe der Ärzte, Pfleger etc. nachhaltige Anstrengungen, um mit den Widerständen fertig zu werden. Es geht übrigens weniger um einen Kampf als vielmehr um eine Art *Gruppenpsychotherapie*.

Hervorzuheben ist, daß dieser milieuanalytische Prozeß nicht von außen betrieben werden kann – er muß mit der

Institution selbst eine Einheit bilden. Selbstverständlich kann die kollektive Analyse aus irgendeinem Grund Konzepte benutzen, die anderswo entworfen wurden, zum Beispiel in der psychosoziologischen Forschung; doch muß sie im wesentlichen mit eigenen Mitteln arbeiten – ihr Erfolg gründet sich auf die verschiedenen Entwicklungsphasen, ihre Verwirklichung, sogar ihr Mißlingen, kurz: auf ihre Fähigkeit, Situationen zu konzeptualisieren, sie zu beherrschen und zu verändern.

Wenn wir behaupten, daß es einen Schlüssel zum Gesamtsystem gibt, der den Prozeß der Entfremdung der sozialen Milieus »überdeterminiert«, so heißt das nicht, man könne erwarten, daß jedes für sich in einer eindeutigen Beziehung zu einer Art Modell steht, welches mechanisch Auskunft über die Entfremdung gibt. In einem staatlichen Krankenhaus z. B. passiert folgendes: Die Beziehungswelt des Aufsichtsrats, der Direktion, der Ärzte etc. ist vielleicht relativ homogen mit der der übrigen Industriegesellschaft, während im Bereich der Küche, des Haushalts, der Wäscherei etc. eher Beziehungen feudalen Typs dominieren, ganz zu schweigen von dem Schicksal der Kranken, in dem manchmal Züge von Leibeigenschaft sichtbar werden.

Nebenbei sei gesagt, daß die Modifizierung der konkreten Existenzbedingungen und der Einsatz von Mitteln, die eine Umwälzung der überlieferten sozialen Praktiken und Stratifikationen begünstigen, nicht allein für die Krankenhäuser alten Musters unabdingbar sind; sie sind gleichermaßen erforderlich für zahlreiche andere, moderne Institutionen, die zwar sorgfältig mit Komfort ausgestattet, aber seit ihrer Gründung von jenen sozialen »Krankheiten« befallen sind, die das Milieu zerrütten, das Klima verderben und die in einem verstärkt »aseptisierten« Kontext bisweilen einen offen inhumanen Zug annehmen. Vielleicht ist es gar kein Zufall, daß die erste und originellste Transformation eines traditionellen psychiatrischen Krankenhauses in dem am wenigsten entwickelten Departement Frankreichs erfolgte: in der Lozère. Ähnlich ließe sich die Tatsache einschätzen, daß die Herausbildung eines neuen Beziehungstyps zwischen Lehrern und Schülern sowie die Konkretisierung einer neuen Form schulischer Aktivität in kleinen, ländlichen Schulen möglich waren, während die wenigen Experimente dieser Art in »Kasernenschulen« an gleichsam unüberwindbaren »Widerständen« gescheitert sind.[2]

Es fällt nicht schwer, zu begreifen, daß die mentalhygienischen Probleme im Zuständigkeitsbereich der öffentlichen Verwaltung des Seine-Departements komplexer und schwerer zu lösen sind als irgendwo anders. Aber gerade dort würde die Tragweite eines Eingriffs besondere Anstrengungen zu einer Veränderung der jetzigen Situation rechtfertigen. Nach außen fehlt es unserer Gesellschaft der »Freiheit, Gleichheit, Brüderlichkeit« nicht an Wohlwollen; sie ist jedoch von einer Unfähigkeit gezeichnet, die konkrete menschliche Realität anders als durch einen enormen bürokratischen Apparat zu erfassen. So wurde seit der Befreiung eine Anzahl Ministererlässe vorgelegt, die eine Generalisierung der verschiedenen Experimente im Bereich der Ergotherapie, der offenen Institutionen, der Sektorisierung, der Tageskliniken etc. anregten. Die bisherigen Resultate sind jedoch insgesamt ziemlich enttäuschend. Das hängt damit zusammen, daß die wesentlichen Reformen nicht auf dem Wege administrativer Empfehlungen entstehen können; dies gilt insbesondere für die Einrichtung jener therapeutischen Gruppen, auf deren Notwendigkeit wir hingewiesen haben. Ihre Existenz hängt in letzter Konsequenz von dem Willen der Interessenten ab, die Gründung, Verwaltung und Orientierung zu übernehmen. Wenn es zutrifft, daß die Formen der sozialen Entfremdung, die sich in den Beziehungen zwischen Ärzten und Pflegern, Ärzten und Kranken, Pflegern und Kranken entwickeln, lediglich Varianten eines dominierenden Entfremdungsmodus in der Gesamtgesellschaft sind, so kann das doch wohl nicht bedeuten, eine revolutionäre politische Transformation, die die Ausbeutung des Menschen durch den Menschen abzuschaffen verspricht, passiv abzuwarten, um erst dann mit der Entmystifizierung dieser Beziehungen zu beginnen. Veränderungen sind in jeder Situation möglich. Man muß allerdings von der richtigen Problemstellung ausgehen: Eine therapeutische Gruppe kann ihrer Aufgabe kaum gerecht werden, wenn ihr nicht die Grenzen ihrer Interventionsmöglichkeiten und der relativ partielle Charakter ihrer Kritik, mit der sie auf den sich abzeichnenden Kontext einer gegebenen sozialen Situation einwirken will, bewußt sind. Wer sich nicht in reformistischen Illusionen wiegt, kann zum Beispiel nicht hoffen, ohne große Schwierigkeiten Arbeitsbedingungen durchsetzen zu können, die die den hierarchisierten Funktionen inhärenten Tabus auslöschen, und so ein System herzustellen, in dem die Bejahung des Widerspruchs die Regel ist – die einzige Garantie übrigens für die Entfaltung der Wahrheit im Bereich der Humanwissenschaften und ihrer Techniken.

Die imaginären Wirkungen der Ausbeutung des Menschen durch den Menschen sind weit weniger nachdrücklich erfaßt und expliziert als ihre ökonomischen Bedingungen, obwohl wir gerade dort einen Knotenpunkt, eine immense Energiequelle für die Perspektive einer sozialen Revolution vor uns haben.

Die im Laufe von Arbeitskämpfen entwickelten sozialen Organisationen hätten mehrfach äußerst wichtige strukturelle Umwälzungen der Krankenhauseinrichtungen erzwingen können. Vor allem nach der Befreiung genossen die linken Parteien eine Zeit lang die größten Freiheiten, auf die Verfassung der Sozialversicherung, auf die Investitionspolitik im sanitären und sozialen Bereich und die dort erforderlichen Konzeptionen und Verfahren Einfluß zu nehmen. Der Staatsmacht fiel es um so leichter, diesen Sektor wieder unter ihre bürokratische Vormundschaft zu bringen, als die Arbeiterorganisationen sich außerstande zeigten, klare Zielvorstellungen zu entwickeln, die der Bevölkerung es ermöglicht hätten, sich in Kenntnis der Sachverhalte zu engagieren. Zu welchem Kampf hätte man die Sozialversicherten aufrufen können? Welchen Unterschied stellen sie sich vor zwischen dem, was der Staat verwaltet, und dem, was zum Beispiel die verschiedenen gemeinnützigen Organisationen anbieten? Es ist und bleibt unabdingbar, ein Gesamtkonzept zu entwerfen, das die bestehenden Institutionen von Grund auf zu verändern und zugleich die Aufnahmebereitschaft für noch radikalere Lösungen im Rahmen einer revolutionen Transformation der Gesellschaft zu fördern erlaubt.

Es würde sich lohnen, die Probleme, mit denen sich die MNEF[3] auseinanderzusetzen hat, angesichts dieses Mangels an kämpferischen Vorstellungen allgemeiner zu fassen. Die verantwortlichen Studenten beschäftigen sich vorzugsweise mit Fragen der gemeinsamen Verwaltung. Allem Anschein nach ist der ziemlich oberflächliche Charakter des Verwaltungshandelns noch nicht hinreichend aufgehellt; man kümmert sich vorwiegend um die administrativen Aspekte. Man könnte also sagen, daß das, was in dem hier erörterten Fall zur Diskussion gestellt werden müßte, nicht nur die Verwaltung der Pflegeinstitutionen, der Ausbildung, der Arbeitsweise der behandelnden Agenten ist, sondern auch die ›Verwaltung‹ der Krankheit selbst oder, anders ausgedrückt, ihre psychosoziale Kaschierung, sofern diese ein dominierender Faktor werden und die wirklichen psychopathologischen Probleme des individuellen »Dramas« (im Sinne Politzers) verdecken kann. *Spezifische Dimensionen der Entfremdung* kennzeichnen die studentische Welt. Gleichgültig, ob er an Störungen leidet oder nicht: jeder Jugendliche, der zur Universität kommt, bemerkt, daß sich seine Persönlichkeit im Alltagszusammenhang der pathogenen Züge dieses gesamten Systems verändert. Deshalb ist es keineswegs absurd, hier präventiv zu handeln.

Die Situation des Studenten impliziert transitionelle Lebensformen in mehrerlei Hinsichten: der biologischen, der psychosexuellen, der gesellschaftlichen, der intellektuellen, der politischen Reifung etc. Das Bild der Erwachsenengesellschaft verdunkelt sein gesamtes intentionales Feld. Sie wird als äußerlich, entfremdend und zugleich begehrenswert erlebt, da sie Träger einer Reihe von ökonomischen und prestigeorientierten Werten ist.

Hier finden wir aufs neue den Formalismus der *Trennung* von Referenzebenen, der den Studenten »eicht«, von der Rolle auszugehen, die er zu spielen haben wird, wenn er »fertig ist«. Bis dahin ist er nur eine Art Embryo, eine schlecht ausgebrütete, zukünftige »große Rolle«, auf keinen Fall ein »ganzes« Subjekt. Unter diesem Gesichtspunkt sind die Probleme der Mentalhygiene nicht mehr zu trennen von denen der Pädagogik und der notwendigen Umwälzung der gegenwärtigen Universitätspraktiken. Die herrschende Struktur selbst ist eine der permanenten Zerstörung individueller Spontaneität des Jugendlichen, seiner kulturellen Ausdrucksweisen und ihrer Dialekte, die für verständnislos gewordene Erwachsene bisweilen zwar schwer zu verstehen, aber für die harmonische Vollendung seiner Entwicklung oft unerläßlich sind. Wie soll man absolut unterscheiden zwischen der Passivität, der Apathie, der skrupelhaften Blockierung eines Neurotikers, seinen Angstschüben vor Examenssituationen, und der Passivität, der Blockierung der »normalen« Studenten, die die Angst schlecht und recht durch stereotypes Überläuferverhalten, Unterwürfigkeit gegenüber den Professoren oder systematische Opposition überwinden?

Die Universitätsinstitution ist so organisiert, daß sie den Gesetzen des hierarchischen Aufstiegs entspricht, wie sie von den privaten und staatlichen Unternehmen definiert werden. Sie erstickt alle kulturellen Interessen und Ambitionen, die gerade während der »Lehrjahre« zu ihrem Recht kommen müßten. Die Studenten, die im Rahmen der »Frequentierung« der elaboriertesten wissenschaftlichen, literarischen und philosophischen Probleme mit den Schwierigkeiten ihrer eigenen Entfaltung fertigwerden müssen, werden in der Tat wie Überzählige behandelt. Ob sie nun »Söhne reicher Eltern« sind oder nicht, ändert diesen Status der »Außenseiter« nicht fundamental.

All das bleibt sehr allgemein und ist relativ leicht zu vermitteln. Aber jeder einzelne Fall »verkörpert« diese Probleme auf originale Weise, die von den Therapeuten verstanden und interpretiert werden muß. Außerdem müssen die Therapeuten Zugang zur Realität des studentischen Milieus haben. Und sie müssen sensibilisiert und aufgeschlossen sein für diesen Aspekt der Dinge, der sicherlich ebenso wichtig ist wie alle anderen Momente, die den Zustand eines Kranken beeinflussen können. Die studentischen Organisationen müßten eine »therapeutische Mission« erfüllen in dem Sinne, daß sie gemäß ihren Möglichkeiten die Entfremdungsdimensionen ihres eigenen Milieus erkennen und bearbeiten. Dabei könnten sowohl die Einrichtung von Beratungsstellen, von BAPU-Büros[4], von Betreuungszentren wie das GTU[5] als auch Freizeitklubs, Aufenthaltsräume, Aktivitäten in Studentenheimen etc. von Bedeutung sein.

Die Organisationsstrukturen der Studentenbewegung sind weit davon entfernt, perfekt zu sein; dennoch stellen sie im Vergleich zu den sonstigen sklerotischen Organisationsformen eine Errungenschaft dar, die nicht unterschätzt werden darf. Ohne Übertreibung kann man sagen, daß ihre Fähigkeit, die Ichentwicklung im Sinne der Bejahung des reziproken Widerspruchs zu befördern, dem weit überlegen ist, was zum

Beispiel im medizinischen und psychoanalytischen Milieu angeboten wird. Es wäre wünschenswert, die bestehenden Beziehungen zwischen der Studentenbewegung und den Technikern, die sich um die Mentalhygiene im studentischen Milieu kümmern, in dieser Richtung umzugestalten. Es geht dabei nicht darum, Ärzte, Psychoanalytiker, Sozialberater etc. aufzufordern, in der Studentenbewegung zu kämpfen; auch nicht darum, daß die im Kampf Engagierten den Therapeuten eine Lektion erteilen, sondern es geht um die Einrichtung von Organisationszellen, die die Kapazität sozialer Beziehungen, die sich im Laufe des studentischen Kampfes entwickeln und die die Konstitution von therapeutischen Gruppen erleichtern können, aufnehmen und nutzbar machen.

Die Ärzte und Pfleger, die sich nach der Befreiung in einigen Krankenhäusern für institutionelle Veränderungen eingesetzt haben, hatten eine Art »Initiationserlebnis« bei den Pfadfindern, in den Jugendherbergen, den christlichen Jugendvereinen etc. gehabt, oder aber in den Konzentrationslagern der Nazis, in denen Probleme der Strukturierung, Organisierung und Verteidigung des Milieus überlebenswichtig waren. Im Gefolge dieser wenigen Initiativen hat sich das Gesicht der Psychiatrie in Frankreich einigermaßen verwandelt. In Anbetracht der fortschrittlichen Rolle, die die Studentenbewegung in der letzten Zeit, insbesondere während des Algerienkrieges, gespielt hat, könnte von ihr etwas Vergleichbares ausgehen. Es ist nicht unvorstellbar, daß es der Studentenbewegung gelingt, eine bestimmte Anzahl junger Therapeuten auszubilden, die die Nachfolge derer antreten könnten, die, wie wir hoffen, eher Pioniere einer neuen Erfahrung als Tempelwächter eines alten Systems waren. Keimformen solcher therapeutischen Gruppen existieren bereits an verschiedenen Orten, und es wäre wichtig und aufschlußreich, ihre Erfahrungen Schritt für Schritt zu verfolgen und zu untersuchen.

Wir wollen hier nicht näher darauf eingehen, daß die augenblickliche kämpferische Kampagne der UNEF zugunsten einer Umwandlung der Universitätsstrukturen offensichtlich in die gleiche Richtung zielt wie das skizzierte Programm der Mentalhygiene, und daß sie sich in gewissem Maße gegenseitig bedingen; vielmehr wollen wir einen Aspekt betonen, der schwierig darzustellen ist, da es zur Zeit noch nicht genügend

Beispiele gibt – gemeint ist die Bearbeitung der Krankheit durch die Kranken selbst, eingebettet in die Unterstützung durch das gesamte studentische Milieu. Jeder Pflegeeinheit müßten so etwas wie »Klubs« für kranke und konvaleszente Studenten angeschlossen sein, an denen sich die an psychopathologischen Prozessen interessierten Studenten beteiligen (Medizinstudenten, Psychologie-, Sozialpsychologie-, Philosophiestudenten etc.). Diese Klubs hätten die Aufgabe, den Studenten ein Sozialisationsniveau zu vermitteln, das es ihnen ermöglicht, das Wesentliche ihrer Beziehungen zum Universitätsmilieu, zum Studienbereich, Aktivitäten der Ausbildung, Diskussionen, Freizeit etc. zu retten. Sie müßten freilich eng mit den Pflegeeinheiten selbst verknüpft sein. Experimente dieser Art wurden in anderen Milieus ausprobiert und haben sich als nützlich erwiesen.

Das Problem ließe sich auch auf einer anderen Ebene formulieren. Parallel zu dem gerade beschriebenen System und im Rahmen dessen, was wir zuvor als präventives Ziel studentischer Organisationen bestimmt haben, könnten auf der Ebene der allgemeinen Organisation (oder in einem begrenzteren Sektor) Strukturen entwickelt werden, die den Studenten die Möglichkeit bieten, mit ihresgleichen ihre Probleme aufzuhellen, wenn nicht sogar zu lösen, ohne warten zu müssen, bis sie zu einem Punkt gekommen sind, wo es keinen anderen Ausweg mehr gibt, als sich an Pflegeinstitutionen zu wenden, die nach dem heutigen Stand der Dinge kaum in der Lage sind, ihre Fragen zu beantworten. Es gehört zu den Aufgaben der Studentenbewegung, sich mit diesem Sachverhalt auseinanderzusetzen.

Die Gründung von universitären Arbeitsgruppen scheint auf einen Aspekt dieses Problems zu reagieren. Aber reichen sie aus? Beschränkt sich ihre Tätigkeit nicht zu sehr auf die Universitätsarbeit? Müßten sie nicht verändert werden, so daß sie einer Reihe weiterer Bedürfnisse genügen? Oder ist es vielleicht besser, sie so zu belassen, wie sie sind, und sozusagen zu ihrer Ergänzung andere Gruppen einzurichten, die auf andere Fragen eingehen könnten, die mitsamt den angebotenen Lösungen begutachtet und untersucht werden müßten? Es wäre interessant, die Analyse des »Ersatzes« wiederaufzunehmen, dem sich die Studenten individuell zuwenden:

zwanghaftes Arbeiten, müßiges und mit Schuldgefühlen beladenes Herumgammeln, die Rolle des ewigen Kaffeetrinkers etc.

Gewiß erfordert die systematische Einrichtung von Aufenthaltsräumen zum Beispiel beträchtliche finanzielle Mittel. Dies müßte ab sofort als Forderung von der Gesamtbewegung formuliert werden. Aber parallel zum Kampf um die Bewilligung der notwendigen Kredite könnte eine Reihe von intermediären Zielen bestimmt werden, die wegen ihrer Rückwirkungen auf den mentalhygienischen Bereich von Anfang an von großer Bedeutung wären.

Vielleicht wird man einwenden, daß wir mit einer derartigen Orientierung Gefahr laufen, der Studentenbewegung eine Korporierten-Perspektive aufzupropfen. Das könnte dann geschehen, wenn eine solche Strukturierung nicht direkt mit der Gründung einer studentischen Gewerkschaftsbewegung verbunden wäre. Es gibt keinen Impfstoff, der garantiert, daß man nicht dem »Reformismus« verfällt. Der Staat ist stets bereit, Erfolge an sich zu reißen und *rückzuführen*, zum Beispiel: Sozialversicherung, Betriebsräte, Jugendhäuser, Lohnausgleich, Jugendherbergen etc. Morgen kann das gleiche mit der Institution der GTU oder dem Studentengehalt passieren. Trotzdem kann man sich vorstellen, daß die Existenz solcher »Aufenthaltsräume«, die einer Vielzahl von Studenten Gelegenheit bieten, einander zu begegnen, zu arbeiten, zu diskutieren, sich zu zerstreuen, eine Verstärkung der Studentenbewegung begünstigen würden. Aber das hängt im wesentlichen von der revolutionären Dynamik der Bewegung ab, von ihrer realen Verankerung und dem gegenwärtigen Kräfteverhältnis.

Gehen wir ein Stück weiter. Ist nicht anzunehmen, daß eine solche Strukturierung des Milieus, sobald sie in größerem Ausmaße verwirklicht ist, den Studenten ermöglichte, aus ihrem »Getto« herauszukommen? Einerseits könnten sie in einem solchen Rahmen eine ganze Reihe von Problemen erörtern, die im Universitätsprogramm nicht vorkommen, andererseits könnten sie sich so Möglichkeiten verschaffen, mit gesellschaftlichen Bereichen, von denen sie abgeschnitten sind, in Verbindung zu treten, zum Beispiel durch die Einladung von Forschern, Technikern, Gewerkschaftern, Politikern, Schriftstellern, Künstlern etc. Auch könnte dort die Durchführung von kollektiven Enquêten ins Auge gefaßt werden, ähnlich denen, die im Schulbereich entworfen wurden; die Studenten könnten zu diesem Zweck mit Arbeitern aus verschiedenen Betrieben zusammenkommen. Ich bin sicher, daß sich mit dem ersten Ergebnis einer solchen Enquête bei zahlreichen jungen Arbeitern der Wunsch einstellte, dauerhafte Beziehungen mit Studenten anzuknüpfen.

Die prinzipielle Notwendigkeit des Kampfes gegen die soziale Trennung von Jungarbeitern und Studenten ist für die verantwortlichen Studenten leicht zu erkennen; die Schwierigkeiten ergeben sich allererst bei der Wahl der angemessenen Mittel zu diesem Zweck. Dennoch gibt es eine ganze Reihe von Möglichkeiten, eine solche Kooperation einzuleiten, so daß ab sofort partielle Experimente auf diesem Gebiet unternommen werden sollten. Während die Studentenbewegung auf diese Weise einen konkreten Beweis für ihren Protest gegen die Lage der jungen Arbeiter liefern und sie, wenn auch nur in bescheidenem Maße, verändern könnte, zögen die Studenten für sich selbst einen großen Gewinn aus dieser Art von Zusammenarbeit. Dies scheint mir mit der Forderung eines bezahlten Studiums durchaus vereinbar, das den Studenten als Arbeiter in der Ausbildung einstufen soll. So wie die Berufsausbildung für Jungarbeiter heute beschaffen ist, sorgt sie für eine quasi absolute Ausschließung vom Kulturerwerb. Auch hier würde es sich lohnen, die Resultate zu vergleichen. In diesem Punkt ergeht es den Studenten glücklicherweise besser, trotz der Ambitionen industrieller und technokratischer Gruppen, die Universität vollständig nach ihrem Bild und nach ihren Interessen zu formen.

Auch auf anderen Ebenen ließe sich diese Entfremdung nachweisen, die die Industriegesellschaft den Subjekten aufstülpt, denen dann nur die Alternative bleibt, sich entweder mit der so präformierten Wirklichkeit in den Institutionen, der Universität etc. abzufinden oder aber auszubrechen, mehr oder weniger verstümmelt durch die Reflexe der Weigerung oder der Unfähigkeit, sich zu »integrieren«. Das ist ein Phänomen, das die gesellschaftlichen Zielvorstellungen auf allen Ebenen in Frage stellt, und zwar an erster Stelle die des Staates. Wir stehen gewissermaßen vor unbewußten Gesetzen, die die Beziehungen zwischen Subjekten und Sozialstrukturen prägen: in Abhängigkeit von der Produktion inhärenten Zwecken, im Rahmen eines Systems, das auf Profitstreben und Staatsmacht gegründet ist und von einer Klasse beherrscht wird, die in der historischen Evolution seit langem keine befreiende Rolle mehr spielt.

Allein die Entfaltung einer Sozialstruktur, die deutlich und wirklich den Bedürfnissen des menschlichen Subjekts zu entsprechen vermag, wäre imstande, dauerhafte Lösungen zu bringen, die anzutasten oder in Zweifel zu ziehen im Interesse keiner einzigen gesellschaftlichen Schicht oder Gruppe liegen könnte. Um es zu wiederholen: Die »Reformen«, die ich hier vorschlage, haben einen Wert nur unter der Bedingung, daß sie in eine revolutionäre Perspektive und in eine effektive Praxis des Klassenkampfes eingebettet sind: Das Bewußtsein von ihrer Fragilität ist eine Garantie dafür, daß sie als Elemente eines langwierigen Kampfes verstanden werden, nicht als Aushängeschild, das der herrschenden Ordnung als Alibi und »gutes Gewissen« dienen könnte.

1964

Anmerkungen:

* Bericht für die »Mutuelle nationale des étudiants de France« (MNEF); erschienen in: *Recherches universitaires*, 1964.

1 G. Couchner, *Les Psychopathies industrielles*, erschienen in der wissenschaftlichen Zeitschrift für Medizin *La Psychopathologie des temps modernes*, Januar 1964, S. 42.

2 Siehe Fernand Oury und Aida Vasquez, *Vers une pédagogie institutionnelle*, Paris 1968.

3 Mutuelle nationale des étudiants de France.

4 Bureau d'aide psychologique universitaire.

5 Groupe de travail universitaire.

Transversalität*

Die institutionelle Therapie ist ein gebrechliches Kind. Es ist angebracht, ihre Entwicklung aus nächster Nähe zu verfolgen und ihren Umgang zu überwachen, da sie sich in äußerst schlechter Gesellschaft befindet. Die Todesdrohung, die auf ihr lastet, rührt nicht von einer angeborenen Debilität, sondern vielmehr daher, daß alle möglichen Parteien auf der Lauer liegen, um ihr ihr spezifisches Objekt zu rauben. Psychologen, Psychosoziologen, ja sogar Psychoanalytiker wollen ihr ein paar Lumpen entreißen und sie als »ihre Sache« ausgeben, während das Ministerium den günstigen Augenblick abwartet, um sie seiner offiziellen Politik »einzuverleiben«. Wie viele Sprößlinge der anvantgardistischen Psychiatrie sind seit dem letzten Weltkrieg auf diese Weise frühzeitig aus der Bahn geworfen worden! Die Ergotherapie, die Sozialtherapie, die Gemeindepsychiatrie etc. . . .

Zuallererst wollen wir klarstellen, daß es ein Objekt der institutionellen Therapie gibt, und daß dieses Objekt gegen jeden verteidigt werden muß, der es aus dem realen gesellschaftlichen Lebenszusammenhang herauslösen will. Das setzt voraus: erstens ein Bewußtsein von Gesellschaftsformation im weitesten Sinne, zweitens Stellungnahme in Fragen der Theorie und Praxis auf der technischen Ebene der bestehenden Therapieformen. Man darf wohl unterstellen, daß der Mangel an einer einheitlichen Konzeption in der gegenwärtigen psychiatrischen Bewegung ein Reflex der verschiedenen Segregationen zwischen der Welt der Verrückten und der restlichen Gesellschaft ist. Dieser Schnitt zwischen den inneren Vorurteilen der verantwortlichen Psychiater einer Pflegeeinrichtung und den allgemeinen sozialen Prozessen wird auf unterschiedliche Weise umgesetzt: systematische Verkennung all dessen, was sich hinter den Krankenhausmauern abspielt, Psychologisierung der gesellschaftlichen Probleme, Abtrennung ihres intentionalen Feldes innerhalb der Institution etc. Nun steht jedoch außer Frage, daß das sozial Signifikante jeden Augenblick und in allen Lebensbereichen auf das Individuum einwirkt. Die institutionelle Therapie muß von diesem

Tatbestand ausgehen. Das gesellschaftliche Verhältnis (die soziale Interaktion) verläuft nicht jenseits der individuellen und familialen Probleme; es ist in allen psychopathologischen Instanzen ausfindig zu machen. Das ist von hoher Bedeutung, wenn man es mit psychotischen Syndromen zu tun hat, die sich unter ausgesprochen »desozialisierten« Aspekten präsentieren.

Freud, der sich hauptsächlich um die Ergründung der Neurose bemüht hat, hat dieses Problem genau erkannt. Das wird zum Beispiel in dem folgenden Zitat aus der *Neuen Folge der Vorlesungen* deutlich: »Wenn wir bei diesen [den Gefahrsituationen, d. Ü.] verweilen, werden wir sagen können, daß eigentlich jedem Entwicklungsalter eine bestimmte Angstbedingung, also Gefahrsituation, als ihm adäquat zugeteilt ist. Die Gefahr der psychischen Hilflosigkeit paßt zum Stadium der frühen Unreife des Ich, die Gefahr des Objekt- (Liebes-) verlusts zur Unselbständigkeit der ersten Kinderjahre, die Kastrationsgefahr zur phallischen Phase, endlich die Angst vor dem Über-Ich, die eine besondere Stellung einnimmt, zur Latenzzeit. Mit dem Lauf der Entwicklung sollen die alten Angstbedingungen fallengelassen werden, da die ihnen entsprechenden Gefahrsituationen durch die Erstarkung des Ich entwertet werden. Aber das ist nur in sehr unvollkommener Weise der Fall. Viele Menschen können die Angst vor dem Liebesverlust nicht überwinden, sie werden nie unabhängig genug von der Liebe anderer und setzen in diesem Punkt ihr infantiles Verhalten fort. Die Angst vor dem Über-Ich soll normalerweise kein Ende finden, da sie als Gewissensangst in den sozialen Beziehungen unentbehrlich ist und der einzelne nur in den seltensten Fällen von der menschlichen Gemeinschaft unabhängig werden kann. Einige der alten Gefahrsituationen verstehen es auch, sich in späte Zeit hinüberzuretten, indem sie ihre Angstbedingungen zeitgemäß modifizieren.«[1]

Auf welches Hindernis stoßen die »alten Angstbedingungen«, das verhindert, sie »fallenzulassen«? Wie kommt es zu diesem »Hinüberretten«, Überdauern der neurotischen Ängste, nachdem die angsterzeugenden Situationen entwertet und »ohne Beziehung auf die angenommenen Gefahrsituationen« sind.[2] Einige Seiten vorher bestätigt Freud, daß die Angst früher da ist als die Verdrängung: Die Angst ist hervorgerufen von einer äußeren Gefahr, sie ist eine *Realangst,* aber die äußere Gefahr selbst wird durch die innere Triebgefahr heraufbeschworen und bedingt: »der Knabe bekommt Angst vor dem Anspruch seiner Libido, in diesem Falle vor der Liebe zu seiner Mutter«.[3] So bereitet die innere Gefahr die äußere Gefahr vor. Dem Verzicht auf das geliebte Objekt entspricht als reale Gefahr der Verlust des Genitales. Doch der »Kastrationskomplex« kann nicht durch einen solchen Verzicht »ausgeräumt« werden. Er impliziert die Mitwirkung eines *zusätzlichen Terms* in der Triangulation der Ödipussituation, so daß die Kastrationsdrohung, die das, was Freud ein »unbewußtes Strafbedürfnis[4]« nennt, permanent reaktiviert, keine Ende findet. Die Verzahnung der sozialen Signifikanten hängt demnach irreversibel mit der Kastration und den Schuldgefühlen zusammen. Bis zu diesem Zeitpunkt war ihr Status aufgrund des »Ambivalenzprinzips«, das die Wahl der Partialobjekte bestimmte, unsicher. Doch jetzt und fortan gründet die *soziale Realität* ihre Dauer auf eine irrationale Moral: Die Strafe bezieht nun ihre Rechtfertigung allein aus einem Gesetz der blinden Wiederholung. Dennoch genügt es nicht, das Überdauern der Angst außerhalb der aktuellen »Gefahrsituationen« vor dem Hintergrund des unmöglichen Dialogs zwischen dem Ich-Ideal und dem Über-Ich schlicht anzuerkennen; denn eben diese Situationen weisen eine »signifikante Logik« auf, die *spezifisch ist für das betreffende soziale Niveau* und die es mit den gleichen mäeutischen Ansprüchen zu untersuchen gilt wie in der Psychoanalyse des Individuums.

Das Fortbestehen ist die Wiederholung, ist der Ausdruck eines Todestriebs. Das darin enthaltene Problem ist mit dem Begriff der Kontinuität nicht zu treffen. Man hält es für normal, die Lösung des Ödipuskomplexes durch eine »gute« soziale Integration zu verlängern. Wäre es nicht vielmehr geboten, jenes »Hinüberretten« der Angst im Zusammenhang mit der von Freud erwähnten Abhängigkeit des Einzelnen von der Gemeinschaft zu sehen? Es handelt sich hier um die – vorläufig, bis eine neue Gesellschaftsordnung durchgesetzt ist, irreversible – Tatsache, daß der Kastrationskomplex keine zufriedenstellende Lösung finden kann, solange die Gesellschaft ihm die unbewußte Rolle der sozialen Regulierung überläßt. Wir beobachten eine wachsende Inkompatibilität zwischen der Vaterfunktion als möglicher Stütze für das Subjekt bei dem Versuch, aus den Fallen und Sackgassen der Identifikation herauszufinden, die für die Struktur der Familie charakteristisch sind, und den Ansprüchen der Industriegesellschaften, für die ein integratives Vater-König-Gott-Modell allmählich jede effektive Funktion, ausgenommen die der Mystifikation, verliert. Das wird besonders deutlich in Phasen sozialer Regression, zum Beispiel wenn ein faschistisches, diktatorisches Regime mittels persönlicher, präsidialer Macht bei den Massen pseudo-phallische Bilder erzeugt, eine plebiszitäre Totemisierung eines Führers, der im übrigen ohne wirklichen Einfluß auf die signifikante Maschine des ökonomischen Apparats bleibt, die, im Gegenteil, kontinuierlich ihre eigene Macht und Funktionsautonomie verstärkt. Die Kennedys und Chruschtschows, die versucht haben, diesem Gesetz zu entkommen, wurden »geopfert« – der eine auf dem Altar der Südstaaten-Ideologie, der andere auf dem Opferblock der Schwerindustrie.

Wie auch immer die abgenutzten Träume der Träger der »nationalen Legitimität« aussehen mögen, die reale Subjektivität der modernen Staaten, die wirklichen Entscheidungsgewalten werden sich genausowenig mit einer individuellen Repräsentation identifizieren wie mit der Existenz eines kleinen erleuchteten Generalstabs. Bisher ist diese Subjektivität unbewußt und blind geblieben, ohne Hoffnung auf einen modernen Ödipus, der ihre Schritte lenken könnte; und Hoffnung kommt sicherlich nicht von der Rehabilitierung ihrer veralteten Formen. Gerade deswegen führt uns die Freudsche Erfahrung zu der Frage nach dem Fortdauern der Angst jenseits modifizierter Situationen einerseits und nach den markierbaren Grenzen eines solchen Prozesses andererseits. Besteht nicht das Objekt der institutionellen Therapie in dem Angebot, die Bedingungen für den »Empfang« des Über-Ich so zu verändern, daß er zu einem neuen, »initiationsähnlichen« Empfang wird, indem der blinde soziale Anspruch einer bestimmten Kastrationsprozedur ersatzlos getilgt wird?

Die folgenden Überlegungen haben nur provisorischen Charakter; ich meine bestimmte Formulierungen, die mir für die Präzisierung verschiedener Etappen einer institutionellen Praxis nützlich erscheinen. Meiner Ansicht nach ist es an der

Zeit, eine Art Korrespondenznetz zwischen den Phänomenen der Sinnverschiebung bei den Psychotikern, insbesondere bei Schizophrenen, und den Mechanismen der Diskordanz zu knüpfen, die sich auf allen Ebenen der Industriegesellschaft herausbilden – sei es in ihrer neokapitalistischen, sei es in ihrer bürokratisch-sozialistischen Gestalt. Das Individuum muß sich allmählich darauf einstellen, sich mit einem Ideal von »Produktivmaschinen fressenden Konsummaschinen« zu identifizieren . . . Ist nicht das Schweigen des Katatonen eine vorausgenommene Deutung dieses Ideals? Wenn die Gruppe sich nach dem Modus der Sprechverweigerung strukturiert, wie sollte man ihr dann anders antworten als durch Schweigen, wie einen Ort dieser Gesellschaft so verändern, daß dieser Prozeß der Reduktion des Sprechens auf die Sprache ein wenig eingedämmt wird? Unter dieser Voraussetzung könnten wir Gruppen danach unterscheiden, auf welcher Seite sie sich befinden. Es empfiehlt sich jedenfalls, formalen Beschreibungen, die Gruppen unabhängig von ihrem Ziel charakterisieren, zu mißtrauen. Diejenigen Gruppen, mit denen wir in der institutionellen Therapie zu tun haben, sind an eine konkrete Aktivität gebunden; sie haben nichts mit denen gemein, die gewöhnlich in den Untersuchungen der sogenannten Gruppendynamik vorkommen. An eine Institution gebunden, haben sie eine Perspektive, eine Vorstellung von den Zeitläuften, eine »Aufgabe«.

Die erste Differenzierung, die übrigens im folgenden schwer aufrechtzuerhalten sein wird, wollen wir schematisch als die zwischen Subjektgruppen und unterworfenen Gruppen fassen. Die Subjektgruppe bemüht sich, Einfluß auf ihr Verhalten zu nehmen, sie versucht, ihr Objekt zu erhellen, und setzt bei dieser Gelegenheit die Mittel für eine solche Aufklärung frei. Schotte[5] sagte über diesen Gruppentypus, daß er hört und gehört wird, daß er die strukturelle Hierarchisierung entlarvt und dadurch Möglichkeiten findet, sich jenseits der Gruppeninteressen zu öffnen. Die unterworfene Gruppe verfügt über eine solche Perspektive nicht: Sie erleidet ihre Hierarchisierung im Zuge ihrer Anpassung an andere Gruppen. Von der Subjektgruppe könnte man sagen, daß sie etwas *ausdrückt*, während für die unterworfene Gruppe gilt, daß »ihre Botschaft gehört wird« – gehört, ja, man weiß allerdings nicht wo, noch von wem, in einer unbestimmten seriellen Kette.

Diese Unterscheidung ist freilich keine absolute; sie ist nur ein erster Ansatz, um den Gruppentypus zu bezeichnen, mit dem wir es in unserer Praxis zu tun haben. In Wirklichkeit schwankt er zwischen zwei Polen. Jede Gruppe, besonders aber die Subjektgruppe, oszilliert tendenziell zwischen zwei Positionen: der einer Subjektivität mit der Bestimmung, das Wort zu ergreifen, und der einer durch die Gesellschaft unendlich entfremdeten Subjektivität. Dieser Hinweis soll uns als Schutz dienen und verhindern, daß wir in den Formalismus der Rollenanalyse verfallen; außerdem soll er uns zu der Frage nach dem Sinn der Gruppenpartizipation des Individuums als sprechendes Wesen führen und so den üblichen Mechanismus der psychosoziologischen und strukturalistischen Beschreibungen außer Kraft setzen. Damit wäre zweifellos die Chance verbunden, die Theorien über die Bürokratie, die Selbstverwaltung, die »Ausbildungsgruppen« etc. neu zu reflektieren, die ihren Gegenstand wegen der szientistischen Weigerung, ihm Sinngehalte zu verleihen, regelmäßig verfehlen.

Im übrigen hielten wir es für nützlich, eine Unterscheidung zwischen den »manifesten Inhalten« der Gruppe, konstituiert durch das, was gesagt und getan wird, durch die Einstellungen der Einzelnen, die Spaltungen, die Existenz von Führern, Führerkandidaten, Sündenböcken etc., und den »latenten Inhalten« zu treffen, die, ausgehend von einer Deutung der Sinnbrüche auf der phänomenalen Ebene, dechiffriert werden müssen. Diese latente Instanz wollen wir als Gruppenwunsch definieren; sie müßte im Zusammenhang mit gruppenspezifischen erotischen Trieben oder Todestrieben gesehen werden.

Freud hat dargelegt, wie es bei schweren Neurosen zu einer Triebentmischung kommen kann; in diesem Fall ist das analytische Problem die Wiederherstellung einer Triebmischung, die beispielsweise bei der Aufhebung einer sado-masochistischen Symptomatologie helfen könnte. Die Struktur von Institutionen, die außer einer imaginären keine Körperlichkeit haben, verlangt für eine solche Operation besondere institutionelle Mittel, wobei man im Auge behalten muß, daß auch diese nichts anderes sind als prekäre symbolische Vermittler.

Es handelt sich allerdings nicht um den Gegenstand der psychoanalytischen Übertragungsbeziehung. Die im Imaginären gefangenen Phänomene können hier nicht durch die Deutung eines Analytikers erfaßt und eingegliedert werden. Die Gruppenphantasie ist ihrem Wesen nach symbolisch, gleichgültig, welche Bilderfabriken sie im Schlepptau hat. Die Praxis der institutionellen Therapie zeigt, daß die individuelle Phantasietätigkeit sich systematisch weigert, die Besonderheit dieser symbolischen Ebene der Gruppenphantasie zu respektieren; im Gegenteil, sie versucht, sie sich einzuverleiben, ihr jene spezifischen Bedingungen der Imagination aufzuzwingen, die sich »ganz selbstverständlich« in den Rollen einnisten, welche potentiell von den durch das Kollektiv in Umlauf gebrachten Signifikanten strukturiert sind. Diese unter dem Vorwand der Organisation, der Wirksamkeit, des Prestiges oder auch der Unfähigkeit, der Unqualifiziertheit etc. stattfindende »imaginäre Repräsentation« bestimmter signifikanter Gliederungen der Gruppe läßt ihre Struktur erstarren, fesselt ihre Wandlungskraft, beschneidet ihr die Möglichkeiten des Dialogs mit allem, was ihre »Spielregeln« in Frage stellen könnte. Mit einem Wort: Sie verdichtet die Voraussetzungen für das Abgleiten in das, was wir eine unterworfene Gruppe genannt haben.

Ist der unbewußte Wunsch einer Gruppe, zum Beispiel der »missionarischen Gruppe« eines traditionellen Krankenhauses, Ausdruck eines Todestriebes, so wird er sich wahrscheinlich im Sprechen nicht äußern, sondern Symptome hervorbringen. Obwohl die Symptome gewissermaßen »gegliedert sind wie eine Sprache« und in dem Maße, wie sie das Subjekt der Institution zu verschleiern suchen, strukturell beschreibbar sind, können sie sich nicht anders ausdrücken als durch einen inkohärenten Satz; das Objekt (Totem und Tabu) bleibt zu dechiffrieren, es erhebt sich genau an dem Ort, an dem sich das wahre Wort der Gruppe nicht erheben kann. Die Aufdeckung dieses Ortes schafft allerdings noch keinen Zugang zum Wunsch selbst, der auf jeden Fall unbewußt bleibt und sich – nach dem Willen des Neurotikers – weigern wird, sich durch eine erschöpfende Erklärung selbst zu vernichten. Doch die Freilegung und Bewahrung eines Spielraums, in dem eine erste Referenzebene für diesen Gruppenwunsch sich ergeben könnte, würde die »Organisationsfragen« in ein ganz neues Licht rücken und die Versuche der formalen, augenscheinlich rationalen Deskription noch unverständlicher erscheinen lassen; sie ist in der Tat die Vorbedingung für jedes gruppenanalytische Vorgehen.

Schon die ersten Schritte in dieser Richtung implizieren eine Unterscheidung zwischen der Aufhebung der Entfremdung und ihrer Analyse. Die Funktion einer Gruppenanalyse ist nicht identisch mit der einer Kollektivtherapie mehr oder weniger psychosoziologischer Observanz oder der Intervention eines Organisationsingenieurs. Wir wiederholen: Die Gruppenanalyse bewegt sich im Hin und Her der Rollenanpassung, der Informationsvermittlung etc. Schon vor der Herausbildung von Konstellationen, von Ablehnung und Anziehung, kommen die Schlüsselfragen ins Spiel, und zwar auf dem fruchtbaren Niveau einer möglichen Gruppenkreativität.

Mit welchem Wunsch kann eine »von der Geschichte verurteilte« politische Gruppe leben, wenn nicht mit dem eines ewigen Insichgehens? Sie muß ununterbrochen Mechanismen der Abwehr, der Verneinung, der Verdrängung, der Gruppenphantasie, der Mythen- oder Dogmenbildung entwickeln. Deren Analyse würde zwangsläufig den Gruppenwunsch als Todeswunsch entlarven, den sie im Zusammenhang mit den verschütteten und entmannten historischen Trieben der unterworfenen Massen, Klassen oder Völker ausdrücken. Dieser Aspekt der Analyse auf der »höchsten Ebene« kann, wie ich meine, nicht von den anderen gruppenpsychoanalytischen, übrigens auch nicht von den individuellen Problemen getrennt werden.

Im traditionellen psychiatrischen Krankenhaus gibt es in der Regel eine herrschende Gruppe, zusammengesetzt aus dem Direktor, dem Ökonomen, den Ärzten und ihren Frauen etc., die eine undurchsichtige Struktur bilden, die keinen Ausdruck des Wunsches der die Institution konstituierenden Gemeinschaft ans Licht kommen läßt. Wo konnte und kann dieser Wunsch Zuflucht finden? Zunächst muß sich die Interpretation von den manifesten Symptomen auf der Ebene der verschiedenen Untereinheiten leiten lassen, von Symptomen, die Zeichen der klassischen sozialen Mißstände sind, den Kotablagerungen, den Unruhezuständen, der Segregation, aber auch von anderen Zeichen – zum Beispiel dem Alkoholismus, dem irgendeine Gruppe von Pflegern verfallen ist, der diffusen Dummheit einer anderen Gruppe, die ja ebenfalls Ausdruck einer Leidenschaft ist, wie schon Lacan sagte. Bezeugt es nicht auch eine Art Respekt vor den Rätseln der Neurosen und Psychosen, wenn unsere modernen Grabwächter sich gehalten fühlen, sich zu entblößen, indem sie die Botschaft derer, die von der sozialen Organisation dazu verurteilt sind, verkannt zu werden, negativ aufnehmen? Nicht jeder kann sich den Luxus gewisser Psychiater leisten, sich in die höheren Regionen der Ästhetik zu flüchten, was im Grunde nichts anderes offenbart als dies: daß ihnen die entscheidenden Probleme und Sachverhalte des Krankenhauses gar nicht mehr zugänglich sind.

Das Ziel der Gruppenanalyse besteht nicht darin, hinter dieser Symptomatologie eine statische Wahrheit aufzudecken, sondern günstige Bedingungen für eine besondere Art der *Interpretation* zu schaffen, die nach Schottes Auffassung identisch ist mit der Übertragung. Übertragung und Interpretation sind symbolische Interventionsmodi, aber – und dieser Punkt muß betont werden – sie sind nicht Angelegenheit einer Person oder einer Gruppe, die sich zu diesem Zweck den Namen »Analysator« zugelegt hat. Die Interpretation kann z. B. der Debile der Station geben, wenn er in die Lage versetzt wird, in einem bestimmten Moment, in genau dem Moment, da ein bestimmter Signifikant auf der Ebene der Gesamtstruktur zu wirken beginnt, nach einem Brettspiel zu verlangen. Man muß sich aufmachen, um der Interpretation zu begegnen. Bevor man sie anhört, sollte man sie von psychologischen, soziologischen, pädagogischen oder gar therapeutischen Vorurteilen befreien. Insofern die Psychiater oder Pfleger durchaus über ein Stück Macht verfügen, müssen sie für die Beschneidung der Ausdrucksmöglichkeiten der unbewußten Subjektivität der Institutionen verantwortlich gemacht werden. Die erstarrte Übertragung, diese festgefahrene Mechanik, die obligatorische, prädeterminierte, »territorialisierte« Übertragung auf eine Rolle, ein gegebenes Stereotyp, ist schlimmer als Widerstand gegen die Analyse; sie ist eine Form der Verinnerlichung bürgerlicher Repression durch repetitives Wiederbeleben archaischer und artifizieller Kastenordnungen mitsamt ihrem Konvoi von faszinierenden und reaktionären Gruppenphantasien.

Ein provisorischer Einschnitt an diesem Punkt mag uns helfen, das Objekt unserer Praxis zumindest für einige Zeit zu bewahren. Ich schlage vor, anstelle des allzu zwiespältigen Begriffes der institutionellen Übertragung ein neues Konzept einzuführen: das der *Transversalität in der Gruppe,* Transversalität im Gegensatz zu
– einer Vertikalität, wie man sie etwa im Schaubild der Struktur einer Pyramide (Chef, stellvertretender Chef etc.) findet;
– einer Horizontalität wie der, die sich etwa im Hof des Krankenhauses, in der Abteilung der Unruhigen oder in der der Bettnässer durchsetzen kann, das heißt in einem Zustand, wo die Leute sich, so gut sie können, mit der Situation arrangieren, in der sie sich befinden.

Man stelle sich Pferde vor, die sich, mit regulierbaren Scheuklappen versehen, in einem geschlossenen Feld befinden; dann ist der »Koeffizient der Transversalität« genau diese Regulierung der Scheuklappen. Man stelle sich weiter vor, daß in dem Augenblick, da die Pferde vollkommen blind sind, eine Art traumatischer Begegnung stattfindet. In dem Maße, in dem man die Scheuklappen öffnet, harmonisiert sich auch die Zirkulation. Versuchen wir uns nun zu vergegenwärtigen, wie die Menschen sich affektiv zueinander verhalten. Der berühmten Parabel von Schopenhauer über die unter der Kälte leidenden Stachelschweine zufolge vermag niemand einen allzu intimen Kontakt zu ertragen: »Eine Gesellschaft Stachelschweine drängte sich an einem kalten Wintertage recht nahe zusammen, um durch die gegenseitige Wärme sich vor dem Erfrieren zu schützen. Jedoch bald empfanden sie die gegenseitigen Stacheln, welches sie dann wieder voneinander entfernte. Wenn nun das Bedürfnis der Erwärmung sie wieder näherbrachte, wiederholte sich jenes zweite Übel, so daß sie zwischen den beiden Leiden hin- und hergeworfen wurden, bis sie eine mäßige Erwärmung herausgefunden hatten, in der sie es am besten aushalten konnten.«[6]

In einem Krankenhaus ist der »Koeffizient der Transversalität« am Grad der Blindheit eines jeden Personalmitgliedes abzulesen. Wir stellen allerdings die Hypothese auf, daß die offizielle Regulierung der Blindheit und deren *manifeste Ausdrücke* davon abhängen, was sich auf der Ebene des Chefarztes, des Direktors, des Ökonomen etc. abspielt. So gesehen scheint sich alles von der Spitze zur Basis zu bewegen. Gewiß, es kann einen »Druck der Basis« geben; aber er ist kaum in der Lage, die Blindheit der Gesamtstruktur zu korrigieren. Die Veränderung muß auf der Grundlage einer strukturellen Rollenumdefinition und einer Neuorientierung des ganzen Systems stattfinden. Solange die Leute in sich selbst erstarrt sind, können sie nichts anderes wahrnehmen als sich selbst.

Die Transversalität soll beide Sackgassen überwinden: die der reinen Vertikalität und die der einfachen Horizontalität. Ihrer Tendenz nach verwirklicht sie sich dann, wenn maximale Kommunikation zwischen den verschiedenen Ebenen und vor allem in verschiedenen Richtungen vor sich geht. Sie ist der eigentliche Forschungsgegenstand einer Subjektgruppe. Unsere Hypothese ist folgende: Es gibt Möglichkeiten, die Koeffizienten der unbewußten Transversalität auf den verschiedenen Ebenen einer Institution zu verändern. Es ist zum Beispiel anzunehmen, daß sich die »offizielle« Kommunikation um den Kreis Chefarzt – Assistent auf einer ausgesprochen formellen Ebene bewegt, mit einem sehr niedrigen Koeffizienten der Transversalität. Der latente und unterdrückte Koeffizient auf der Ebene der Abteilung kann sich dagegen als viel höher erweisen: Die Beziehungen der Pfleger untereinander sind authentischer, und die Kranken können eine ganze Anzahl therapeutisch wirkender Übertragungen vollziehen. Weiter: Die vielen Koeffizienten der Transversalität sind, obwohl unterschiedlich intensiv, durchaus homogen. Das Niveau der Transversalität in derjenigen Gruppe, die die wirkliche Macht innehat, prägt unbewußt die Regulierung der extensiven Möglichkeiten der anderen Ebenen der Transversalität. Nehmen wir den ziemlich seltenen Fall eines sehr hohen Koeffizienten der Transversalität bei den Medizinalassistenten, die im allgemeinen keinerlei Macht über die Institution haben: Der hohe Koeffizient bleibt latent, und Rückwirkungen gibt es nur in einem äußerst beschränkten Bereich. Aber täuschen wir uns nicht: Daß eine oder mehrere Gruppen über den Schlüssel zur Regulierung der latenten Transversalität der gesamten Institution verfügen, gibt noch keinen Aufschluß darüber, um welche Gruppen es sich dabei handelt. Sie sind nicht notwendigerweise identisch mit den juristischen Instanzen der Einrichtung, die den »manifesten Ausdruck« kontrollieren. Deshalb muß sorgfältig zwischen der realen Macht und der manifesten Macht unterschieden werden. Es gilt daher, das Problem des realen Kräfteverhältnisses zu analysieren: Jedermann weiß, daß der Staat die Gesetze nicht in den Ministerien macht. Ebenso kann den gesetzlich verpflichteten Repräsentanten eines psychiatrischen Krankenhauses die faktische Macht entgleiten und sich auf verschiedene Untergruppen verteilen: die Abteilung, den Stationsvorstand oder – warum nicht? – den Patientenklub, die Personalversammlung etc. Es scheint wünschenswert, daß die Ärzte und Pfleger, die vor allem für die Behandlung der Kranken zuständig sind, kollektiv Einfluß nehmen auf die Regulierung dessen, was, jenseits der »normalen« Legalität, diejenigen Faktoren kontrolliert, die das »allgemeine Klima«, die realen Tausch- und Funktionsformen der Institutionen bestimmen und sie verändern können. Durch eine Reform ist das allerdings nicht zu bewerkstelligen; »gute Absichten« führen hier nicht weiter.

Wenn die »guten Absichten« der Therapeuten eine neue Bedeutung gewinnen sollen, muß ihr eigenes Wesen (als wünschendes Wesen) von der signifikanten Struktur, mit der sie konfrontiert sind, in Frage gestellt werden. Das kann in einer erneuten und endgültigen Infragestellung einer ganzen Reihe mehr oder weniger fest etablierter Sachverhalte münden: Welches Interesse hat der Staat, die Kredite zu sperren? Warum beharrt die Krankenversicherung darauf, die Gruppenpsychotherapie zu diskriminieren? Ist nicht die »im Prinzip« liberale Fakultät im gleichen Sinne rückschrittlich wie die Gewerkschaften, die in Fragen der Hierarchie ›im Prinzip‹ sehr viel weiter ›links‹ stehen? Das Subjekt der Institution, das wirkliche Subjekt, also das unbewußte Subjekt, das die reale Macht innehat, ist nicht ein für allemal gegeben. Es muß im Zuge einer analytischen Verfolgung aufgeschreckt werden, die bisweilen nur über lange Umwege zum Ziel gelangt; diese Umwege allerdings können zu den entscheidenden Fragen unseres Zeitalters führen.

Wenn die Analyse einer Institution die Aufgabe hat, diese der Bestimmung zuzuführen, sich des Sprechens zu bemächtigen, dann hängt die Chance der kreativen Intervention von der Fähigkeit ihrer Initiatoren ab, dort zu sein, wo »es hätte sprechen können« – gezeichnet von dem Signifikanten der Gruppe, das heißt: einer gewissen Kastration unterworfen. Dieser Einschnitt, diese Sperre, diese Beschneidung ihrer imaginären Möglichkeiten verweisen wohl auf die Analyse jener Objekte, die der Freudismus als Träger einer dem Subjekt zugänglichen symbolischen Ordnung entdeckt hat: Brust, Fäces, Penis etc. – alles abtennbare Elemente, zumindest in der Phantasie; aber sie verweisen auch auf die Analyse der Rolle, die von der Gesamtheit der Übergangsobjekte[7] gespielt wird, die sich effektiv in der Waschmaschine, dem Fernsehapparat, kurz: im modernen »Lebenssinn« artikulieren. Übrigens: Wird nicht das ganze Ensemble der Partialobjekte, angefangen beim Körperbild als Träger der Identifikation mit sich selbst, täglich vor die Säue geworfen und ihr pseudoerotischer, ästhetischer, sportlicher Kurswert von einer obskuren Börse ausgehandelt? So versichert sich die Industriegesellschaft der unbewußten Kontrolle unseres Schicksals durch ihren – für den Todestrieb befriedigenden – Anspruch auf sprachliche Ablösung eines jeden Konsumenten-Produzenten, bis die Menschen eines Tages sich darauf einigen werden, ein enormer zerstückelter und wieder zusammengeflickter Körper im Dienste des erhabenen ökonomischen Gottes zu sein.

Nur ein mehr oder weniger hoher Grad an Transversalität erlaubt für einige Zeit (denn in der Realität wird alles immer wieder in Frage gestellt), einen analytischen Prozeß in Gang zu setzen, der den Individuen die Chance bietet, sich der Gruppe als Spiegel zu bedienen. Dann kann das Individuum gleichzeitig die Gruppe und sich selbst manifestieren. Wird es von einer Gruppe aufgenommen, die eine reine signifikante Kette repräsentiert, so kann das Individuum sich jenseits der imaginären und neurotischen Sackgassen selbst enthüllen. Stößt es dagegen auf eine entfremdete, auf ihre eigene, deformierende Bilderfabrik fixierte Gruppe, so findet der Neurotiker ungeahnte Möglichkeiten, seinen Narzißmus zu verstärken, während der Psychotiker sich weiterhin schweigend seinen erhabenen universellen Leidenschaften widmen kann. Die Alternative zur gruppenanalytischen Intervention besteht darin, dem Individuum die Möglichkeit zu verschaffen, als

Hörender-Gehörter in einer Gruppe zu sein und von dort aus Zugang zum Jenseits der Gruppe zu finden, die er eher interpretiert als manifestiert.

Die Konsolidierung einer bestimmten Transversalität innerhalb einer Institution ermöglicht einen neuartigen Dialog in der Gruppe: Der Wahn und jede andere unbewußte Manifestation, die den Kranken bisher einsam und gefangen hielt, können nun einen kollektiven Ausdruck finden. Die Modifizierung des Über-Ich, von der wir oben gesprochen haben, fällt mit dem Augenblick zusammen, da ein bestimmtes Modell des Sprechens dort wirksam wird, wo die sozialen Strukturen lediglich rituell funktionierten. Die Möglichkeit der Intervention eines Therapeuten in einen solchen Prozeß wirft das Problem der analytischen Kontrolle auf und erfordert eine radikale Veränderung der bestehenden psychoanalytischen Praxis, die sich bislang kaum bemüht hat, ihre Aufmerksamkeit auf die wirklichen Kranken, die Orte, wo sie sich befinden, das heißt im wesentlichen: auf den Bereich der Krankenhaus- und Gemeindepsychiatrie, zu richten.

Der soziale Status des Chefarztes umschreibt eine imaginäre Entfremdung, die ihn zur »Statue des Kommandanten« macht. Wie soll man ihn dazu bringen, seine eigene Infragestellung zu bejahen und zu fördern, ohne daß er aus panischer Angst, in Stücke zu zerspringen, die Flucht ergreift? Derjenige Arzt allerdings, der auf seinen imaginären Status verzichtet, um seine Rolle auf einer symbolischen Ebene wahrzunehmen, ist auch in der Lage, den notwendigen Verschnitt der medizinischen Funktion in vielfältige Aufgaben, die verschiedene Arten von Gruppen und Personen implizieren, zu vollziehen. Das Objekt dieser Funktion löst sich von der »Totemisierung«, um sich auf verschiedenartige, Macht repräsentierende Institutionen zu übertragen. Schon die bewußte Aufnahme der Phantasie des Zerspringens durch den Arzt hilft bei der Vorbereitung einer transversalen Struktur. Seine Rolle, die jetzt »gegliedert ist wie eine Sprache«, ist künftig mit den Signifikanten und Phantasien der Gruppe verbunden. Statt jeden, korrelativ zur Verdinglichung der Gruppe, für sich und seine Umwelt die Komödie des Lebens spielen zu lassen, gebietet die Transversalität die deutliche Markierung jeder Rolle. Wenn dieses Prinzip des Widerspruchs und der Neudefinition von Rollen einmal festen Boden in einer Gruppe gefaßt hat, die einen wichtigen Teil der legalen und realen Macht besitzt, und wenn es außerdem in einem analytischen Interesse gebraucht wird, bestehen große Chancen, daß sich auf allen anderen Ebenen Rückwirkungen bemerkbar machen. Eine derartige Umwälzung der Ich-Ideale verändert die Bedingung für den Aufbau des Über-Ich und setzt einen Typ von Kastrationskomplex in Umlauf, in dem sich andere soziale Ansprüche artikulieren als die, die die Kranken von ihren beruflichen oder Familien-Beziehungen her kennen. Einverständnis mit der eigenen »Infragestellung«, damit, durch das Sprechen des Anderen entblößt zu werden, Einverständnis mit einer bestimmten Form des reziproken Widerspruchs, des Humors, der Abschaffung von Privilegien, die sich einer hierarchischen Ordnung verdanken: all dies tendiert zur Begründung eines neuen Gruppengesetzes, dessen »Initiationseffekte« bestimmte Zeichen an den Tag – oder vielmehr in die Dämmerung – bringen, die bisher verdrängte, transzendentale Aspekte des Wahnsinns vergegenwärtigen. Die in der Psychose so bedeutsamen Phantasien vom Tod oder vom Zerspringen des Körpers können im Gruppenkontext aufgefangen werden, nachdem man schon hätte glauben mögen, ihr Schicksal sei es, Gefangene einer Gesellschaft zu bleiben, die sich unter anderem dazu berufen fühlt, sie zu exorzieren.

Trotz allem, was bisher gesagt wurde, darf man nicht aus den Augen verlieren, daß das therapeutische Unternehmen, auch wenn es mit guten Absichten neu gepflastert ist, jeden Augenblick das Risiko läuft, in der verdummenden Mythologie des »Wir« zu verschwinden. Aller Erfahrung nach ist der Auftritt der Triebinstanzen der Gruppe der beste Schutz vor diesem Risiko. Sie rufen jeden Einzelnen, Behandelnde wie Behandelte, um sie nach ihrer Bestimmung zu befragen. So wird die Gruppe zu einer Szene voller Ambiguitäten. Sie wird auf einer doppelten Ebene wahrgenommen: die eine ist bestätigend und beschützend, generiert zwangshafte Abwehr und einen Modus der Entfremdung, der für eine kurze Ewigkeit »trotz allem erholsam« ist; die andere läßt hinter dieser künstlichen Rückversicherung ein Bild menschlicher Vollkommenheit hervortreten, das mir jedes eigene Vorhaben im Namen einer Instanz raubt, die noch weniger zu ersetzen ist als mein eigener Tod: derjenigen, die ihn durch die Existenz des anderen bezwingt – einziger Garant für alles, was durch Sprechen geschehen kann. Im Unterschied zur dualen Psychoanalyse gibt es hier keine imaginäre Zuflucht mehr auf der Ebene der Dialektik von Herr und Knecht; eben dies bedeutet die mögliche Überwindung des Kastrationskomplexes.

Die Transversalität in der Gruppe ist eine Dimension, die sich konträr und komplementär zu den Strukturen verhält, die die Hierarchisierung und die sterilisierenden Transmissionsmodi von Botschaften erzeugen.

Die Transversalität ist der Ort des unbewußten Gruppensubjektes; sie ist, jenseits der objektiven Gesetze, die der Gruppe zugrunde liegen, Träger des Gruppenwunsches.

Diese Dimension kann sich nur in bestimmten Gruppen herausbilden, die, mit oder ohne Absicht, versuchen, den Sinn ihrer Praxis zu erfassen, sich als Subjektgruppe zu begreifen und sich damit zum Agenten ihres eigenen Todes machen.

Im (relativen) Gegensatz zu diesen »missionarischen« Gruppen lassen sich die unterworfenen Gruppen passiv von außen determinieren und schützen sich mit Hilfe von Selbsterhaltungsmechanismen magisch vor einem als äußerlich empfundenen Unsinn; auf diesem Wege verweigern sie sich der dialektischen Bereicherung durch die Andersartigkeit der Gruppe.

Unserer Ansicht nach besteht die Möglichkeit einer Gruppenanalyse, die eine Umwälzung der Transversalitätsstrukturen anstrebt; allerdings nur unter der Bedingung, daß sie sich nicht auf die psychologisierenden Beschreibungen von internen Beziehungen einläßt, die die gruppenspezifischen Dimensionen der Phantasie ebensowenig erfassen wie die Verhaltensbeschreibungen, die auf der Ebene der unterworfenen Gruppen verbleiben.

Das Einwirken des Gruppensignifikanten auf das Subjekt wird von diesem als eine Art »Kastrationsschwelle« empfunden, da die Gruppe auf jeder Stufe ihrer symbolischen Geschichte einen eigenen Anspruch gegenüber den einzelnen Subjekten erhebt, der einen relativen Verzicht auf ihre Triebstrebungen nach dem »Zusammensein in der Gruppe« impliziert.

Dieser Wunsch, dieser Gruppeneros, kann mit den konkreten Möglichkeiten eines Subjekts, einer solchen Probe standzu-

halten, kompatibel sein oder nicht; die Modalitäten des Erlebens reichen von dem Gefühl der Ablehnung oder gar Verstümmelung bis zu einem initiationshaften Akzeptieren, das eine irreversible Veränderung der Persönlichkeit bewirken kann.

Diese Markierung durch die Gruppe geschieht nicht einseitig: denen, die sie ertragen haben, gibt sie Rechte und Macht; sie kann jedoch indirekt Veränderungen der Gruppentoleranz gegenüber Außenseitern hervorrufen und Krisen nach sich ziehen, die möglicherweise das Schicksal der Gruppe durch Mystifikationen in Frage stellen.

Die Rolle des Gruppenanalysators wäre dann die, solche Situationen ans Licht zu bringen und die Gruppe so zu beeinflussen, daß sie sich nicht mehr allzu billig der Wahrheiten entledigen kann, die in solchen Situationen enthalten sind.

Unsere Hypothese lautet, daß die bürokratische Selbstverstümmelung einer Subjektgruppe, ihre unbewußte Zuflucht zu Mechanismen, die ihrer potentiellen Transversalität entgegenstehen, nicht unvermeidlich sind; sie sind abhängig von der Fähigkeit der Gruppe, von Beginn an das Risiko auf sich zu nehmen, mit dem Unsinn, dem Tod und der Andersartigkeit konfrontiert zu werden, ein Risiko, das mit dem Auftauchen von wirklich sinnhaften Phänomenen korreliert.

1964

Anmerkungen:

* Bericht für den ersten internationalen Kongreß für Psychodrama, der im September 1964 in Paris stattfand; veröffentlicht in der *Revue de psychothérapie institutionelle*, Nr. 1.

1 S. Freud, *Neue Folge der Vorlesungen zur Einführung in die Psychoanalyse*, Frankfurt/Main 1969, Studienausgabe Bd. I, S. 523/524.

2 Ebda., S. 528.

3 Ebda., S. 521.

4 Ebda., S. 541.

5 J. Schotte, *Le Transfert dit fondamental de Freud pour poser le problème: psychoanalyse et institution*, in: *Revue de psychothérapie institutionelle*, Nr. 1, S. 46

6 *Parerga und Paralipomena. Gleichnisse und Parabeln*, II. Teil, zitiert nach Freud, *Massenpsychologie und Ich-Analyse*, Frankfurt/Main 1967, S. 40.

7 Dieser Begriff wird hier in einem allgemeineren Sinne verwendet, als dies bei der Definition von Winnicott der Fall ist.

Über die Beziehungen zwischen Pflegern und Ärzten. Ein Diskussionsprotokoll*

Oury: Man kann einerseits den Sozialstatus des Arztes, des Pflegers und, natürlich, des Kranken definieren, auf dessen Hintergrund beide zu sehen sind; andererseits kann man sagen, daß der Pfleger zwischen Krankem und Arzt »in der Klemme sitzt«, ja man kann sogar sagen, daß in einem System wie dem Krankenhaus, in einem System mit Unterschieden im Sozialstatus, alles »in der Klemme sitzt«, wie ja wohl auch allgemein bekannt ist. Trotzdem muß man es wiederholen, wenn man die Beziehungen zwischen Arzt und Pfleger mitsamt den darin enthaltenen mystischen Bestandteilen definieren will.

Félix: Mir scheint, ehe man ins Detail dieser Beziehungen geht, ist es wichtig, sie einzuordnen – nicht allgemein, sondern in ihrer Gesamtheit. Auch wenn das schon gemacht worden ist, kann man doch erst von diesem Ausgangspunkt her genau verstehen, was passiert. Wenn ich zum Beispiel die Beziehungen zwischen dem Unternehmer und den Angestellten und Arbeitern einer Fabrik betrachte, muß ich von den fundamentalen Gegebenheiten ausgehen: Was ist eine Fabrik? Was ist ein Unternehmer? Was ist ein Ausgebeuteter? Genauso muß man hier zunächst einmal fragen: Was ist ein Arzt? Was ist eine Krankheit?

Oury: Das ist in der Tat sehr wichtig. Zwischen Arzt und Pfleger besteht eine mystifizierte Beziehung, und zwar in dem Sinne, daß der Arzt eine Kaste verkörpert – mehr noch als eine Klasse. Obwohl Arzt und Pfleger auf der gleichen Seite der Barrikade stehen, gibt es doch auf dieser Seite eine Kaste, die Kaste der Ärzte, und die Welt der Pfleger.

Félix: Das ist noch nicht alles. Der Arzt bleibt – auch wenn er von bürokratischen oder kapitalistischen Vorgesetzten schikaniert wird – Träger und Verantwortlicher der Mystifikation, und als solcher reflektiert er seine Klassenideologie. Es handelt sich um die Mystifikation einer bestimmten Beziehung, die auf einer bestimmten Konzeption von der Welt, dem Menschen und dem Kranken beruht. Ich halte das Problem nicht für eine Randerscheinung der Klassenverhältnisse; es ist fundamental. Die sichtbaren Divergenzen zwischen dem Arzt und der Verwaltung scheinen mir vom gleichen Beziehungstyp zu sein wie die zwischen der Polizei und der Justiz, zwischen guten Taten und Gefängnissen; aber in Wirklichkeit haben sie einen gleichen Träger, einen gleichen Beziehungstyp, eine gleiche Definition, eine gleiche Vorstellung vom Problem. Wollen wir jetzt von psychologischen Schikanen oder von wohltätigen Schikanen sprechen oder das Problem inhaltlich fassen? Meiner Ansicht nach geht es auf der einen Seite um eine besondere Arbeitsteilung und auf der anderen Seite um eine »Anomalität« der Normalität.

Oury: Es ist klar, daß die mit dem Arzt verbundene Rolle die eines Verteidigers von staatlichen Institutionen ist. Er wird vom Staat eingesetzt, damit die Krankenhausordnung respektiert wird, ohne daß ihre sozio-ökonomische Struktur in Frage gestellt würde. Seine Rolle verlangt notwendigerweise, daß er sich Respekt verschafft, so daß den Kranken ein Sinnbild des Ehrwürdigen und Ehrenhaften präsentiert wird. Es gibt also eine Art repräsentativer Clownerie, da es das Bild eben der Gesellschaft ist, in der der Pfleger arbeitet. Es gilt doch, vor allem in den psychiatrischen Krankenhäusern, daß der Arzt zwar vom Staat eingesetzt wird, der Staat sich aber überhaupt nichts aus ihm macht; und wenn dem Arzt das bewußt wird, ist er in einer sehr schwierigen Lage: vom Staat verachtet und vom Pfleger gehaßt. Er hat dann verschiedene Reaktionsmöglichkeiten: Entweder ist es ihm scheißegal, oder er wählt den dummen diktatorischen oder aber den paternalistischen Weg – alles Lösungen, die die Struktur respektieren, in der er mit den Pflegern lebt.

Félix: Wichtig im Arzt–Pfleger-Verhältnis ist vor allem seine Einbettung in die Beziehung zwischen Behandelnden und Kranken. Die Art und Weise, wie das Personal dem Kranken vorgestellt wird, markiert bereits eine Spaltung: auf der einen Seite die medizinischen Imagines, Typen, die von Zeit zu Zeit auftauchen, mit ihrer magisch wirkenden Tätigkeit, auf der anderen Seite das Pflegepersonal. Charakteristisch für diese beiden Imagines ist eine Art Inhumanität, beidseitige Erstarrung, wobei der Arzt das Spirituelle verkörpert und der Pfleger die Disziplin etc. Das Verhältnis zwischen Ärzten und

Pflegern läßt sich beschreiben als Summe der gesellschaftlichen Einstellungen zur Transzendenz, der Art und Weise, wie die Gesellschaft reagiert, wie sie die Arbeit teilt, wie sie das Problem vermeidet oder verfälscht, um das Phänomen des Wahnsinns und der Einzigartigkeit zu umgehen.

Oury: Ja, das Verhältnis zwischen dem sogenannten Wahnsinn, den Wahnsinnigen und der Gesellschaft muß auf der historischen und zugleich auf der transzendentalen Ebene angesiedelt werden. Es wäre langweilig, die Geschichte der gesellschaftlichen Einschätzung des Wahnsinns noch einmal zu wiederholen. Man muß sich auf das beschränken, was zur Zeit passiert: Bestimmte Leute sind von der Gesellschaft beauftragt, mit den Verrückten zu leben; dadurch entsteht eine Mauer aus Köpfen, Armen und Beinen, als Schutz vor den Verrückten. Sollen sie doch sehen, wie sie klarkommen, wenn nur die Gesellschaft ihre Ruhe hat. Und zwangsläufig sind in dieser Sorte Mauer, die Bestandteil der Gesellschaft ist, alle gesellschaftlichen Kämpfe »enthalten«.

Félix: Hinzu kommt, daß diese Mauer mit Gewißheit die Tafel der Krankheitsbilder beeinflußt.

Oury: Eben deswegen spreche ich von denen, *die man* die Verrückten *nennt*, in dem Sinne, daß eine bestimmte Krankheit existiert, weil eine bestimmte Mauer sie einschließt. Im Grunde sind unsere Krankheitsbilder nur Rahmen, in denen die Verrückten eingeschlossen werden. Man bringt sie in Büchern unter wie eine Schmetterlingssammlung. Ein Psychiatriebuch ist genau das gleiche: Wie sind die Schmetterlinge? In welchem Raum? Will man sie *konservieren*, so schmeißt man sie in Formol, will man sie *observieren*, so steckt man sie in Zimmer mit Gucklöchern . . . Man geht sogar noch weiter: Jetzt muß man sie *beschäftigen*, sie vor Maschinen setzen, ihnen Werkzeug geben; aber das kommt alles aufs gleiche hinaus. Es besteht also eine Dialektik zwischen den Leuten, die ihre Rolle als Verrückte erfüllen, und denen, die die Rolle haben, die Verrückten zu bewachen, und das alles in einer geschlossenen Gesellschaft.

Félix: Ich glaube, man könnte das Phänomen des Wahnsinns als ein zeitgenössisches Phänomen betrachten. Man könnte es so sehen, daß der Wahnsinn heute als soziales Phänomen erscheint und in zunehmendem Maße eine kulturelle Rolle übernimmt, immer stärker in die Gesellschaft integriert, immer universeller in den Vorurteilen – eine anthropologische Rolle. Was man als Verwaltungsschwierigkeiten erlebt – und daß man sich heute das Problem stellt –, ist ein Erbe des 19. Jahrhunderts, bürokratische Trägheit, der alte Stil der Bourgeoisie, die Verrückten einzuschließen. Aber warum will man etwas anderes machen? Weil man allmählich wahrnimmt, daß der Wahnsinn ein grundlegendes Phänomen gerade unserer Gesellschaft ist, und daß es notwendig wird, die alten Denkmodelle zu revidieren, die alten Beziehungen zwischen Ärzten und Pflegern, um dem für die moderne Gesellschaft erforderlichen besseren Verständnis des Phänomens Wahnsinn zu entsprechen. Genau das kann man als progressive Perspektive bezeichnen: die Verrückten verstehen, den Rassismus, den Kolonialismus mit neuen Erziehungsmethoden überwinden etc.

Oury: Das ist noch nicht klar genug. Man kann wohl sagen, daß es in bezug auf die Verrückten eine »Sicht von außen«, eine »Sicht von innen« und eine »Sicht der Verrückten« gibt. Ein Beispiel für die traditionelle Sicht von außen ist die Vorstellung, daß man den Verrückten um so besser verstehen kann, je gebildeter man ist, je länger man in der Schule war; man muß also Arzt sein. Der Pfleger dagegen, auf der untersten Stufe der Leiter, ungebildet, versteht überhaupt nichts. Ein Rationalismus der Gesellschaft, der eher eine Rationalisierung von Unehrlichkeiten und Gemeinheiten ist. Die Sicht von innen meint die Beziehungen zu den Verrückten im täglichen Kontakt, unter der Bedingung, daß ein bestimmter »Vertrag« mit der Tradition gebrochen wird. In gewissem Sinne kann man also sagen: Derjenige, der weiß, was es heißt, mit den Verrückten Kontakt zu haben, ist zugleich progressiv.

Félix: Man könnte sogar meinen, daß das Bewußtsein dieses »Vertrags mit dem Traditionellen« und der Entschluß, ihn zu brechen, die Bedingung für einen phänomenologischen Zugang zum Wahnsinn konstituieren.

Oury: Ja, weil genau diese Vorstellung von einem Vertrag es ermöglicht, die häufige Vermischung von sozialer Entfremdung und geistiger Entfremdung zu erkennen. Es ist nicht das gleiche, und ihre Vermischung ist eine neue Mystifikation, aus der weitere fabriziert werden. So, wie wenn man zum Beispiel auf einer anderen Ebene sagt: »Das ist kein Verrückter mehr, das ist ein Kranker.« Das ist wirklich reiner Blödsinn, das ist wirklich verrückt ...

Félix: Die verschiedenen Arten der Entfremdung innerhalb des Krankenhauskomplexes müssen auseinandergehalten werden. Es gibt in der Tat eine sehr komplizierte Interaktion zwischen den Entfremdungsarten. Gewöhnlich kümmert man sich besonders um die des gesellschaftlich entfremdeten Kranken. Wesentlich scheint mir, daß die Krankheit als solche entfremdend ist und der Kranke zugleich durch die Internierung von der Gesellschaft entfremdet wird; von besonderem Interesse ist aber auch das Phänomen der Entfremdung des Pflegers von der Krankenhauseinrichtung und seinen Arbeitsbedingungen, und die des Arztes, der gegenüber der Verwaltung schlechtgestellt ist; schließlich die Entfremdung des Unternehmens, der moralischen Person des Krankenhauses als Gesamtheit, vom Staat. Es gibt also eine ganze Reihe von Entfremdungsarten, die offensichtlich Rückwirkungen auf die Entfremdung des Wahnsinns selbst haben. Unter diesem Gesichtspunkt müßte man alle Aspekte des Problems erfassen können.

Oury: Es ist interessant, dieses Problem als zeitgenössisches Problem aufzufassen. Was wir hier sagen, hätte zum Beispiel überhaupt keine Bedeutung für Leute, die vor hundert Jahren gelebt haben, oder auch für solche, die heute in einem traditionellen Kontext leben. Da muß ein Sprung gemacht werden, wie vorhin mit dem Vertragsbruch: Rationelle administrative Beziehungen von Subjekt zu Objekt müssen durch existentielle Beziehungen von Person zu Person ersetzt werden; der Begriff Entfremdung hat nur auf der anthropologischen Ebene einen Sinn. Mir scheint, der marxistische Begriff der Entfremdung ist in erster Linie anthropologisch; es wäre lächerlich, wenn damit eine Entfremdung vom Objekt gemeint wäre. Was uns interessiert, ist dieser Basisbegriff der Beziehungen von Person zu Person. Eine Beziehung zwischen Pfleger und Arzt ist nicht so sehr eine Beziehung zwischen Pflegerberuf und Arztberuf; die Sache ist schwieriger. Von Rollenbeziehungen spreche ich, um sie von Personenbeziehungen zu unterscheiden. Denn gerade indem sie diese Rollen des Verrückten oder des Arztes spielen, verstecken sie die

Personenbeziehung. Und zwangsläufig wirkt sich das auf das Krankheitsbild aus: der Schizophrene hat in seiner »Rolle« trotz allem Personenbeziehungen. Dem mag jeder zustimmen; aber niemand weiß, wie und wo er diese Beziehungen, die nicht mehr in einem gegebenen Rahmen existieren, fassen könnte. Wenn sie existieren, dann nur durch Infiltration, durch eine Art Spalte hindurch, einen Riß im traditionellen Rahmen, etwas, das die eigene, persönliche Existenz ist.

Félix: Die Hoffnung knüpft sich also im wesentlichen an das Verschwinden einer ganzen Anzahl von Rollen, von Stereotypen, sowohl des Verrückt-Spielens als auch des Arzt- und Pfleger-Spielens, um schließlich zu menschlichen Beziehungen zu kommen, die nicht mehr automatisch auf Rollen, auf Stereotypen hinauslaufen, sondern auf fundamentale Beziehungen, die die radikalsten und tiefsten Entfremdungen im Wahnsinn oder in der Neurose *ans Licht bringen*. Ich glaube, aus dieser Sicht müssen alle technischen Spezifikationen, die Vorschläge für Ateliers oder Sozialtherapie betrachtet werden. In dieser anthropologischen Perspektive, die man die Perspektive *»Temps modernes«* nennen kann, müssen sie deshalb angesiedelt werden, weil man von hier aus erkennt, was nicht gemacht werden darf; man erkennt die Gefahren eines Ateliers daran, ob es dem Profit, der Readaptation oder der sozialen Interaktion dient, ob es für die Wissenschaft, die Psychologie oder die Behandlung von Krankheiten arbeitet. Denn man darf die Idee von einer konstituierenden Person, konstituiert auf den Wurzeln einer Sprache, nicht aus den Augen verlieren. Diese Person muß sich in einer Welt mit einem Minimum an sprachlicher und verhaltensmäßiger Normalität rekonstituieren, statt sich in stereotypen Beziehungen und medizinischen Situationen zu verlieren. Erst dann kann die fundamentale Anomalität des Subjektes wirklich ans Licht oder, anders gesagt, können seine Störungen in eklatanter Weise zum Vorschein kommen. So habe ich dich verstanden, als du vorhin sagtest: »Das ist wirklich verrückt!«

Oury: Man muß begreifen, daß das Problem der Beziehungen zwischen Ärzten und Pflegern ein falsches Problem ist. Es gibt nicht *einen* Arzt, *einen* Pfleger, es gibt Leute, die mit den Irren zusammen sind, Leute, die dort sind, ohne dort zu sein, mystifiziert in ihrem Mythos. Und die einzig wirklichen

Beziehungen, die zwischen ihnen bestehen, dürften technische Beziehungen mit spezifischen Kompetenzen für die Behandlung der Irren sein, der Irren, die sie selbst konstituieren und für die sie verantwortlich sind.

Félix: Man könnte von einem Paradox ausgehen und sich fragen, wer diejenigen sind, die eine fundamentale Beziehung zu den Irren haben: Es sind die Pfleger. Nun sind aber die Pfleger zum größten Teil entfremdet und unfähig zur affektiven Arbeit der Annäherung und des Verstehens der Irren. Es gibt eine modernistische Neigung, die Pfleger in kleine Ärzte zu verwandeln, wo es doch vielmehr darum ginge, die Ärzte zu verändern, damit sie im Kontakt mit den Kranken wenigstens das Niveau der Pfleger erreichten. Die Pfleger müßten nicht nur Zugang zu eurer PPsyF[1] haben, sondern ihre Aufnahme müßte sogar begünstigt werden, es müßte so etwas geben wie einst die Probezeit für die Aufnahme in die bolschewistische Partei, die, glaube ich, für Arbeiter und Angestellte sechs Monate dauerte, während sie für Intellektuelle viel länger währte.

Oury: Es liegt auf der Hand, daß schon die Termini Pfleger-Arzt Teil dieses Vertrags sind, von dem wir gesagt haben, er müsse gebrochen werden. Trotzdem bin ich bei den besten Mitgliedern der PPsyF auf Widerstand gestoßen, als ich sie aufforderte, Nicht-Mediziner aufzunehmen. Das ist also fest verankert, sogar bei den Besten. Sie sagen: »Was soll denn daraus werden? Das Ganze wird degenerieren«, etc. Und genau das ist das Problem: Ärzte müssen dabei sein, da sie es sind, die am meisten zu lernen haben. Im Grunde müßte eine Art Manifest dieser ganzen Gruppe von Einfaltspinseln erarbeitet werden, die zufälligerweise Ärzte, zufälligerweise Pfleger, zufälligerweise Psychologen sind und zufälligerweise Kontakt zu Irren haben.

Félix: Ja, es gibt eine grundlegende Frage: »ich, du« zu sein, in einer seltsamen Situation, ehrlich oder unfreiwillig . . .

Oury: Ob freiwillig oder nicht, ist völlig egal, wichtig ist, da zu sein. Wenn man aufrichtig ist, analysiert man, warum man da ist, was man dort macht etc., oder man fängt erst gar nicht an. Aber um auf das zurückzukommen, was uns beschäftigt: Es wäre interessant, Verhaltensbeobachtungen von jedem Krankenhaus zu haben – wie Textillustrationen. Wir selbst können das nicht machen, weil wir nicht genügend Erfahrung haben.

Félix: Wenn man eine Illustration dieser Art haben will, kann man, glaube ich, das Beispiel von Saint-Alban[2] nehmen, oder notfalls auch auf die vollständige Veränderung der Pfleger hier hinweisen – sie werden Praktikanten genannt und nicht unterschieden. Wie soll man in La Borde Pfleger erkennen?

Oury: Man kann sagen, daß es hier schon reicht, diplomierter Pfleger zu sein, um quasi rauszufliegen[3], das ist doch komisch; das gleiche bei den Ärzten: Es reicht zu sagen: »Ich bin Psychologe, Arzt«, und schon ist man auf dem Index. Wir stellen sozusagen eine technische Equipe dar, die ständig dazulernt, jeder spezialisiert sich in seinem Bereich und nicht nur in seinem Bereich, sondern in der Gruppe selbst, sagen wir auf einer Ebene der »Syntalität«. Diese Beziehungen der »Syntalität« der Gruppe sind besonders wichtig. Da sind Leute, die wachsen wie Unkraut, und andere gehen vorbei, die Kranken. Grinsend wird gesagt, daß wir hier die Chronischen sind und die Kranken Leute, die vorbeigehen, solange sie da sind. Damit werden die Werte auf den Kopf gestellt – früher war der Irre derjenige, »der bleibt«. Diese Umkehrung hängt mit einer allgemeinen Bewegung in der Psychiatrie zusammen, mit der Entdeckung der Schockmethoden, denn der reine Schock, der absolute Schock ist der Tritt in den Arsch, der den Typ an die Luft setzt. Er muß vorbeigehen, im Ernst, und das muß seinen Sinn haben, egal, wie komisch das klingt für die entfremdenden Entfremder . . .

Félix: Zusammenfassend kann man also sagen, daß die konkreten Möglichkeiten für das Aufbrechen der erstarrten Rollen von Ärzten und Pflegern in einer Equipe aufgezeigt werden müssen, wo es sicherlich verschiedene Arbeiten gibt, die aber letzten Endes auf so etwas wie ein einheitliches Arbeitsfeld hinauslaufen, in dem man sich nicht durch Status, Geld, das man in der Tasche hat, oder Prestige unterscheidet, sondern hinsichtlich einer Arbeitsteilung auf rein technischer, praktischer Ebene, mit dem Ziel, ein gutes Klima für die Therapie, die Sozialisation der Kranken zu schaffen.

Oury: Zwei Probleme müssen auseinandergehalten werden. Einerseits: Wie sich das realisieren läßt, was eine Revision der gesamten Administration erfordert; andererseits: das, was schon im traditionellen Rahmen realisiert worden ist. Alles, worüber wir bisher geredet haben, ist nur eine Art Einführung. Vielleicht ist es an der Zeit, zu dem eigentlichen Problem zu kommen: Wozu dient das? Was nutzt es, zu behandeln, die PPsyF zu machen? Ist das nicht reiner Blödsinn, eine Versammlung von Süßholzrasplern? Als Psychiater werden wir von all den Herren mit Erfahrung schon dafür gehalten: Süßholzraspler, die sich versammeln, ist das nicht nett? Natürlich, sie ermutigen uns, wie sie alle Welt ermutigen, angefangen bei den Pfadfindern, aber . . .

Félix: Den anderen erscheint man schon als Gruppe, die eine Besonderheit hat, aber das ist noch nicht alles. Die PPsyF muß auch eine eigenständige Position im Bereich der psychiatrischen Politik entwickeln. Eine politische Psychiatrie ist gerade erst entstanden, und ihre Notwendigkeit bekommt man dadurch zu spüren, daß die stalinistischen Psychiater keine Politik machen, daß sie sich eher in die Tradition einfügen als nach einer progressiven Psychiatrie Ausschau zu halten. Meiner Ansicht nach dürfte die PPsyF nicht durch Schöntuerei schockieren, sondern durch die Tatsache, daß sie in einer marxistisch-existential-ich-weiß-nicht-was-Perspektive eine Theorie und eine Praxis entwickelt, die die junge Psychiatrie mitreißt.

Oury: Es ist gefährlich, solche Sachen zu sagen; mich persönlich schläfert das ein, daß die stalinistischen Psychiater keine Politik machen etc. Das stimmt nicht: Es gibt ausgezeichnete stalinistische Psychiater, und sie machen eine sehr ernsthafte Politik, auch wenn sie nicht in unserem Sinne ist, aber sehr ernsthaft hinsichtlich der Erneuerung und der aktuellen Grundlage der Psychiatrie. Es ist natürlich schwierig, Psychiater zuzulassen, die einer Partei angehören; das ist problematisch im Sinne von Verrat, von Flucht.

Félix: Ich glaube, das läßt sich mit der Bewegung Freinet vergleichen, in der es Stalinisten gab, die aus pädagogischer Sicht mit den damals besten Methoden arbeiteten, sich aber auf Befehl der Partei davon zurückziehen mußten. Es scheint klar: Wäre die Bewegung Freinet in Ordnung gewesen, hätte sie politisch eindeutiger Positionen bezogen, die die Kommunisten der Bewegung von dem Zwang befreit hätten, auszutreten. Und die Gesamtheit der kommunistischen Lehrer wäre betroffen gewesen. Das gleiche gilt für die kommunistischen Psychiater: Die guten sind in der Minderheit, und selbst Le Guillant ist weit davon entfernt, tun und sagen zu können, was er will – nicht nur wegen der augenblicklichen Beschaffenheit der Verwaltung, sondern auch wegen der Einstellung der stalinistischen Psychiater. Daß jeder tut, was er kann, ist eine Sache; aber reale Politik ist etwas anderes. Das heißt: eine kohärente Perspektive haben. Ich bezweifle, daß viele Psychiater eine haben, die nicht nur marxistisch ist, sondern auch vollständig in bezug auf ihren Arbeitsbereich. Schließlich ist die Arbeit, die wir machen, genau das, was aus psychiatrischer Sicht in den linken und kommunistischen Gruppen fehlt. Das ist der einzig wahre Sinn der PPsyF, die sonst nur eine Freimaurerei in den Krankenhäusern schaffen könnte; es ist eine Politik, die nur in dem Maße wirklich ihren Sinn erfüllen wird, wie sie psychiatrische Probleme auf eine Plattform stellen kann – die zur Zeit noch nicht existiert. Es gibt keine fundamentale Differenz zwischen der bürgerlichen Psychiatrie und der der aktuellen linken Gruppen. Die stalinistische Psychiatrie lehnt sich in ihren Grundkonzepten eng an die bürgerliche Psychiatrie an. Man darf den marxistischen Begriff der Entfremdung nicht mit der Entfremdung des Wahnsinns vermischen, wie es die Stalinisten tun; die Beiträge von Marx und Freud müssen gemeinsam neu aufgearbeitet werden. Ein gründliches Verständnis vom Marxismus und vom Freudismus läßt eine solche Konfusion nicht zu.

Oury: Um die Beziehungen zwischen Pflegern und Ärzten oder die Beziehungen zwischen therapeutischen Gruppen und Irren zu untersuchen, müssen zuerst und vor allem anderen die Beziehungen der Gruppe zur Gesellschaft untersucht werden. Deshalb muß von Anfang an das eingeführt werden, was wir die transzendentale Dimension des Irren genannt haben.

Félix: Es gilt, verschiedene Positionen zu klären: einen metaphysischen Pol; einen politischen Pol im Sinne einer Strategie gegen die Verwaltung, gegen die konstituierten sozialen Gruppen; und einen Pol der theoretischen Arbeit, ausgehend von großen Autoren – auf der einen Seite etwa der Pol Lacan, auf der anderen Seite der Pol Tosquelles, der schon deutlicher politisch ist.

Oury: Es ist problematisch, Namen zu setzen. Es geht darum, eine Ordnung zu umreißen, eine schwierige Aufgabe, denn das scheint bestimmte politische Positionen radikal auszuschließen; es ist eine Art Negativ-Umriß der Gruppenposition (Gruppe ist ein besserer Ausdruck als Partei). Man schließt jemanden aus, weil er nicht von der »Religiosität B« ist, weil er zum Beispiel nicht die von Lacan inspirierte universelle Vision hat oder aber, auf der Seite Tosquelles, die politische Voraussetzung erfüllt ... Aber ich glaube nicht, daß sich die Gruppe als trotzkistisch oder anarchistisch oder ich weiß nicht was definieren ließe. Wir haben vorhin gesagt, daß man progressiv sein muß, daß man den Vertrag mit den traditionellen Rahmen, die keinen Sinn mehr haben, gebrochen haben muß. Selbst unsere Sprache wird für diejenigen die innerhalb des Rahmens bleiben, absolut unverständlich sein; ebenfalls für die, die vorgeben, uns zu verstehen, aber freundlich hinzufügen, daß man trotzdem eine Krawatte tragen und korrektes Französisch sprechen könnte. Das ist eine Dimension der Originalität, vor der man keine Angst haben darf. Man muß sagen: »So ist das nun einmal, und ich brauche mich nicht zu ändern ...«

Félix: Durch etwas müßte sich eine militante Gruppe im Bereich der Psychiatrie spezifizieren, und zwar durch ihr Engagement im sozialen Kampf; außerdem muß man selbst verrückt genug sein, um die Möglichkeit zu haben, mit Verrückten zusammen zu sein. Nun gibt es aber Leute, die politisch sehr gut sind, jedoch unfähig, sich an solchen Gruppen zu beteiligen. Außerdem gibt es tatsächlich diese kierkegaardsche Dimension der »Religiosität B«.

Oury: Diese Dimension ist fundamental in dem Sinne, daß man zuerst durch den Wahnsinn hindurch muß, ihn verdaut haben muß; man muß den Verrückten übernommen haben, verrückter sein als die Verrückten. Dieser Begriff des transzendentalen Irrsinns wird von bestimmten politischen Gruppen absolut geleugnet: »Das ist eine lächerliche Verdinglichung, eine Abweichung vom Marxschen Denken« etc.

Félix: In dem Augenblick, in dem man diese metaphysische Dimension berücksichtigt, besteht die Hauptgefahr darin, daß man in die Reihen des Idealismus und der Klasse, die traditionellerweise den Idealismus vertritt, eingeordnet wird. Das gleiche Problem besteht für die Richtung »*Temps modernes*«: Sie hat beträchtliche Schwierigkeiten, ein Minimum an metaphysischer Dimension beizubehalten und gleichzeitig in der progressiven Bewegung zu bleiben, die traditionellerweise materialistisch ist.

Oury: Letzten Endes schleichen wir wie die Katze um den heißen Brei, um bloß nicht über die Beziehungen zwischen Pflegern und Ärzten zu sprechen. Insofern die Beziehungen zwischen Pflegern und Ärzten sich nur unter der Bedingung definieren lassen, daß es Irre gibt, muß zunächst der Irre definiert werden. Man muß sich also Verrückte machen; denn die Verrückten werden hergestellt. Wie stellt man Verrückte her? Man kann das mit der Bild-Theorie in Verbindung bringen. Es wurde gesagt, daß ein Bild die Wiedergabe eines verkleinerten Objektes ist. Man hat endlose Abhandlungen über das Bild gemacht, um schließlich herauszufinden, daß es nur eine Kleinigkeit ist. Ähnlich die Psychiater. Sie sind ein wenig wie Bildersammler, Schmetterlingssammler; sie haben falsche Schmetterlinge gesammelt, die sie Irre nannten, die sie nicht einmal mehr Irre nennen wollten, sondern »Kranke«.

Félix: Das Objekt der Psychiatrie muß neu definiert werden, in dem Sinne, in dem Politzer versucht hat, das Objekt der Psychologie, einer konkreten Psychologie, neu zu definieren.

Oury: Man könnte sie als Gruppe der konkreten Psychiatrie bezeichnen.

Félix: Man muß auch Stellung nehmen zu dieser ungeheuren Farce der Sozialpsychologie, der Mikrosoziologie, zu Moreno und all den anderen, die auf den gleichen mystifizierten Kreislauf der Kleingruppe hereinfallen. Unsere Infragestellung des Krankenhauses in seinem sozialen Status muß sich in ideologischer Sicht von vielen Positionen abheben.

Oury: Eben durch die Infragestellung des Krankenhauses muß sich eine Gruppe definieren, die sich für die Probleme der Beschaffenheit ihrer Beziehungen zur Gesellschaft interessiert. Diese Gruppe muß als Werkzeug, nicht als Forschungsmittel benutzt werden. Zwangsläufig wird es Rückwirkungen auf die Forschung geben. Aber sie muß zunächst als Werkzeug vorgestellt werden.

1955

Anmerkungen:

* Darstellung einer Diskussion mit Jean Oury in La Borde, September 1955.

1 Die PPsyF war das nicht ganz ernst gemeinte Projekt der Gründung einer psychiatrischen Partei, der »Parti psychiatrique français«.

2 Die Erneuerungstendenzen in der französischen Psychiatrie gingen aus vom Krankenhaus von Saint-Alban, im hintersten Winkel der Lozère. Unter dem Einfluß von Dr. François Tosquelles – einem nach Frankreich geflüchteten katalanischen Revolutionär – machten mehrere Generationen von Psychiatern außergewöhnliche Erfahrungen mit der Transformation eines traditionellen Krankenhauses. Vom Kampf gegen den Hunger im Jahre 1941, der materiellen Veränderung des Krankenhauses bis hin zur Einführung psychotherapeutischer Techniken in die Institution, von der Anwendung der Theorien über die Arbeitstherapie von Hermann Simon, der Organisierung des sozialen Lebens, der Gründung des ersten »therapeutischen Klubs«, dem Entwurf einer lokalen Bezirkspolitik, einer neuen Sicht der Probleme des psychotischen Kindes bis zur Ausbildung der Pfleger etc., gibt es keinen für die heutige Arbeit wichtigen Bereich, der nicht in Saint-Alban erforscht worden wäre.

3 Zu dieser Zeit verlangten die Sozialversicherungen noch keinen festen Prozentsatz an diplomierten Pflegern in der Personalzusammensetzung der psychiatrischen Einrichtungen.

Der Student, der Verrückte
und der Katangese*

Das institutionelle Erdbeben vom Mai 1968 hat die Psychiatrie nicht verschont. Bestimmte Auswirkungen haben dauerhafte Spuren hinterlassen: die Infragestellung der Hierarchie in verschiedenen Abteilungen, die Einrichtung von psychiatrischen Kollegs[1], die Trennung der Lehre von Psychiatrie und Neurologie etc. Leider sieht es ganz so aus, als hätte man diese Dinge wie ein Trauma erlebt, anstatt sie in Theorie und Praxis zu assimilieren und zu integrieren.

Die »institutionelle Psychotherapie« war im Prinzip besser auf das Verständnis solcher Ereignisse vorbereitet, da sie sich gerade durch den Willen auszeichnete, die Analyse nicht von der Geisteskrankheit und ihrem institutionellen und sozialen Kontext zu trennen, und deshalb die Dechiffrierung von imaginären, symbolischen und realen Wirkungen der Gesellschaft auf das Individuum zum Ausgangspunkt der Analyse gemacht hatte. Trotzdem muß man feststellen, daß dieses Konzept, obwohl es nicht gänzlich außerhalb der Ereignisse blieb, nur am Rande eine Rolle spielte. Wir vermuten, daß dies die Folge einer gewissen theoretischen Unreife und einer Fixierung auf die Archaismen des medizinischen Berufsstandes ist: Neutralität, politische Enthaltsamkeit etc.

Ausgehend von der Krise der Universität, gelangte die institutionelle Mai-Revolte sehr schnell zu den Problemen der Gesamtgesellschaft; diejenigen, die diese Probleme allein auf der Ebene ihres Krankenhauses oder im mentalhygienischen Sektor[2] wahrnahmen, wurden für unbedarft gehalten. Diese offensichtliche Hemmung ihrer Repräsentanten sollte jedoch nicht darüber hinwegtäuschen, daß die Problematik der institutionellen Psychotherapie in den letzten zehn Jahren potentiell von den außergewöhnlichen sozialen Phänomenen dieser Zeit »vereinnahmt« war. Von 1962 bis 1966 hatte sich eine ganze Reihe ihrer Vertreter auf Bitten des nationalen Studentenverbandes und der UNEF mit den spezifischen mentalhygienischen Problemen des studentischen Milieus befaßt. In vielen Diskussionen mit den Studentenführern waren Fragen von allgemeinerer Bedeutung zur Sprache gekommen, die den Besonderheiten dieses Milieus galten, dem Mangel an Universitätsinstitutionen, der Absurdität pädagogischer Methoden, der Gründung universitärer Arbeitsgruppen und pädagogischer Klubs, dem Funktionieren der psychologischen Beratungsstelle an der Universität etc.[3]

Das Konzept der institutionellen Psychotherapie, die im psychiatrischen Milieu damals nur ein relativ geringes Publikum anzog, fand bei den verantwortlichen Studenten dieser Zeit Aufmerksamkeit und Gehör. Wir folgten dem Gedanken, daß das studentische Milieu Effekte der sozialen Segregation erlebt, die möglicherweise denen vergleichbar sind, die der Welt der Psychiatrie seit langer Zeit bekannt sind. Wir hatten den Eindruck, uns am Schnittpunkt von »Residualmilieus« zu befinden, die von der technokratischen Staatsmaschine nicht integriert werden können.

Im Unterschied zu den klassischen Psychiatern und Psychoanalytikern gehen wir von der Annahme einer fundamentalen Wechselbeziehung zwischen den individuellen psychopathologischen Prozessen und der sozialen, beruflichen und politischen Umgebung aus. Es gab also zwei Möglichkeiten, die Probleme der Studentenbewegung zu betrachten und zu verstehen: Entweder man hielt sie für esoterische Phänomene, für Randerscheinungen, oder aber für Symptome, die eine umfassendere soziale Krise ankündigten, was einige der Beteiligten intuitiv verstanden hatten. Später schlossen sich andere aktive Linke der Studentenbewegung an, die sich mit diesen Fragen kaum auseinandergesetzt hatten, und so entfernte sich die institutionelle Psychotherapie mehr und mehr von der angedeuteten Thematik, die wieder aufzugreifen heute vielleicht nützlich sein kann.

Wir haben die Rolle der *Gruppenphantasien* hervorgehoben, da sie die besondere gesellschaftliche Stellung der Generationen und ihr Verhältnis untereinander bezeichnen helfen. So fanden beispielsweise die Phantasien von den »Feldgrauen von 1914« ihren Wiederhall in denen der Bolschewiki von 1917, die Phantasien von der neuen »schönen Zeit« des Jahres 1936 und des Spanienkriegs hatten ihr Gegenstück in denen des Nationalsozialismus, dann in denen der Libération, des Kalten Krieges etc. Wäre es nicht angebracht, die phantasmatische

Entsprechung der Mai-Barrikaden unter dem Gesichtspunkt zu würdigen, daß die Generation, die der Träger der Revolte war, zugleich diejenige war, die die französischen Gewaltakte während des Algerienkrieges vergessen wollte, und die, die im Kontext wohlgemeinter Einmütigkeit die amerikanische Aggression in Vietnam hart verurteilt hat?

Die sozialen Widersprüche werden von den Massen nicht als theoretisches Problem erfahren; sie werden in einer imaginären Ordnung ausfindig gemacht, in vereinfachenden Alternativen verbreitet, und die gesellschaftlichen Todestriebe oder fortschrittlichen Perspektiven (die »futuristischen Städte«, die »fröhlichen Tage der Zukunft«) werden durch eine Gruppenphantasmatik vergegenwärtigt.

Seit dem Ende des Algerienkrieges war deutlich geworden, daß zahlreiche Studenten auf der Suche nach einer militanten Neuorientierung waren, nach einer mobilisierenden Perspektive, die ihnen die Möglichkeit eröffnen würde, das universitäre Getto hinter sich zu lassen – und sei es im imaginären Vorgriff. Von 1963 bis 1966 hatten die linken Gruppen, die die Richtung der UNEF einschlugen, versucht, das Interesse der Studentenbewegung auf die Bearbeitung der Probleme des studentischen Milieus zu lenken. Die Forderung nach studentischen Kontrollrechten bewegte sich auf der Ebene der Universitätsstrukturen und der Pädagogik. Die Studenten sollten sich ihrer besonderen Lage, ihrer gesellschaftlichen Rolle, ihrer Verantwortung gegenüber der Produktion, gegenüber dem Klassenkampf etc. bewußt werden. (Erinnern wir uns, daß der erste Versuch einer Besetzung der Sorbonne im Februar 1964 stattfand.) Die Staatsmacht setzte sich damals mit aller Kraft dafür ein, alles, was in diese Richtung wies, systematisch zu sabotieren (Ablehnung eines Gesprächs mit der UNEF, der alle Subventionen zu Gunsten der FNEF entzogen wurden). Von der Arbeiterbewegung wurde die Studentenbewegung schlicht ignoriert oder manipuliert (Auflösung der UEC durch die KPF, Kontrolle des Hauptbüros der UNEF durch die PSU). Die linken Fraktionen in der UNEF zersplitterten, die Organisation verlor mit der Zeit jede Substanz, so daß minimale politische Anregung in diesem Milieu nur noch von bestimmten Grüppchen der extremen Linken kam.

Dies hatte zwei Folgen: den Verzicht auf jedes Programm einer wirklichen Umwälzung der Universität und den Rückfall in die Verkennung der spezifisch studentischen Probleme, da die politischen Explikationsschemata immer und mitsamt den Konsequenzen der dogmatischen Formalisierung, der sektiererischen und bürokratischen Organisationsformen auf die Ebene der Gesamtgesellschaft und die internationalen Beziehungen verwiesen. Immerhin war auch das für eine Anzahl Studenten eine Gelegenheit, sich politisch zu bilden, ihren Blick zu erweitern und nicht zu versumpfen. Gleichwohl ist es richtig, daß die linken Studenten und Professoren, die versucht hatten, ein originäres psychosoziologisches Verständnis des studentischen Milieus zu begründen, keinerlei Einfluß mehr hatten (Millebergue, Lapassade, Bourdieu, Passeron etc.).

Die militante Neuorientierung konnte sich nur mit Hilfe der Organisierung von Massenkämpfen gegen die amerikanische Aggression in Vietnam und über die Solidarisierung mit den revolutionären Bewegungen in Asien, Lateinamerika und Afrika durchsetzen. Bei dieser Gelegenheit entstand eine neue Form der Mobilisierung, die ein stets gegenwärtiges militantes Engagement ausdrückte; das gilt vor allem für die Basis-Komitees für Vietnam. Trotz allem berührte dieses internationale Problem, in das Frankreich nicht direkt involviert war, lediglich eine avantgardistische Minorität. Der Protest gegen die amerikanische Aggression in Vietnam hatte eine eher metaphorische Bedeutung; er gab nur sehr vage und vermittelt Antworten auf die quälende, angsterfüllte Situation der Masse der Studenten.

Nanterre zu Anfang des Jahres 1968 ist das Resultat, das Symbol dieses allgemeinen Versagens sowohl der Regierungspolitik als auch des studentischen Syndikalismus. Schon die Architektur ist dafür ein Zeichen: Die Besichtigung dieser Stätten treibt einem den Angstschweiß hervor. Dieser Campus selbst ist das Sinnbild einer studentischen Welt, die abgeschnitten ist von der übrigen Gesellschaft, abgenabelt von der Sphäre der Arbeit; bedenkt man, daß gerade diese Universität im Herzen einer der ältesten kommunistischen Hochburgen liegt, wird der Kontrast noch krasser.

Und eben an diesem Ort hat sich ein einzigartiger radikaler

subjektiver Bruch vollzogen, der sich unverkennbar in »exemplarischen Aktionen« inkarnierte. Die Jugend des Mai hat diese Erfahrung zum Ausgangspunkt genommen, um eine beträchtliche imaginäre Aktivität zu entfalten, die wir zu den *Übergangsphantasien* zählen wollen, zu jenen Phantasien, die wegen ihrer projektiven Kraft wieder zur Realität zurückkehren und – das muß man sagen – deren Bedeutung weit größer ist als das Werfen von Pflastersteinen. Die exemplarische Aktion der Linken vom 22. März in Nanterre hat sich wie eine Interpretation festgesetzt; und zwar durch die Leute, die sich in der Übertragungsposition befanden oder, sagen wir, die tief in der Bewegung standen, die das Bad schon hinter sich hatten, von dem der Minister sprach, als er, statt sich zur Problematik der Sexualität im studentischen Milieu zu äußern, Cohn-Bendit den Rat gab, er solle doch lieber ein Bad nehmen.[4]

Von Nanterre aus entfaltete sich eine signifikante Kette; eine ununterbrochene Eskalation führte bis zur Infragestellung der französischen Gesellschaft insgesamt, die auch international beträchtliche Rückwirkungen hatte. Die beiden herrschenden Machtrepräsentanzen: die Staatsmacht und die Macht der Arbeiterorganisationen, sahen sich in ihren Grundlagen bedroht; ein neues Licht war auf eine latente Krise aller Industriegesellschaften gefallen. Eine Zeitlang verharrte die Macht selbst wie erstarrt, fasziniert – ein totaler Überraschungseffekt, der sich mit Sicherheit nicht wiederholen wird, denn seither hat die Bourgeoisie solche Phänomene einzuschätzen gelernt und produziert repressive Techniken und Gegengifte aller Art. Phänomenologisch zeigt sich darin ein Merkmal des revolutionären Umbruchs: Es geschieht etwas, das gestern noch unvorstellbar war; die Imagination ist befreit, sie ist berufen, die Macht zu ergreifen. War das ein Wahn? Wie ist es zu deuten, daß Themen, die sich seit langem verflüchtigt hatten, wieder einstellten? Genau hier könnte der Begriff der Übergangsphantasie zur Anwendung kommen. Er erlaubt eine Vorstellung von dem, was seinem Wesen nach nicht vorstellbar ist: vom radikalen Einschnitt, einem möglichen anderen Zustand der Dinge, von einem absoluten Unterschied, dem revolutionären Engagement ohne Garantie und im Stadium seiner Entstehung. Die »anarchistischen« Themen, die von der bolschewistischen Phantasie verdrängt worden waren: die Barrikaden, die Brüderlichkeit, die Freizügigkeit, die Befreiung des Individuums, die Ablehnung jeder Hierarchie und jeden Zwangs, die kollektive Begeisterung, die permanente Poesie, der Traum, schienen längst endgültig verschüttet, begraben, außerstande, sich jemals von Regression, kollektivem Infantilismus zu erholen. »Eigentlich fehlte es diesen armen Kindern nur an echtem Verständnis, an echter Liebe, und da haben sie sich eben eine Art Psychodrama geleistet ...«; kein Grund, sich zu beunruhigen, eher ein Prozeß der Selbstheilung, das sicherste Mittel übrigens für eine wirksame Integration in der Zukunft. Etwas davon steckt ganz ohne Zweifel in dem »Verständnis« der Technokraten vom Schlage Edgar Faures.

Die psychoanalytische Methodologie könnte uns eine andere Sicht der Dinge vermitteln. Ist diese Rückkehr des Verdrängten aus der Zeit vor dem Bolschewismus nicht das Symptom dafür, daß die von der Gesamtgesellschaft entwickelten Abwehrmittel nicht mehr in der Lage sind, den fundamentalen Trieben dieser Gesellschaft zu entsprechen? Seit langem besteht zwischen der Sozialdemokratie und den kommunistischen Organisationen einerseits und der Staatsmacht andererseits eine Art Komplizenschaft. Es ist klar, daß die gaullistische Regierung und die Unternehmer ohne die Hilfe der Gewerkschaften der Situation nie wieder Herr geworden wären. Schon eine Verlängerung des Eisenbahnerstreiks oder ein konsequenter Streik der EDF (Électricité de France) hätten genügt, um die Repression zu lähmen und unwiderruflich eine revolutionäre Kraftprobe auszulösen. Alle institutionellen Räderwerke der französischen Gesellschaft seit, sagen wir, 1934, um ein Datum zu nehmen, das einer bedeutenden Wende der KPF entspricht, haben ihre Schwäche offenbart. Die revolutionäre Linke verfügte nur über unzulängliche Systeme der Formalisierung, um den ungeheuren Zusammenbruch zu dechiffrieren. Zweifellos hatten bestimmte Gruppen ihr Explikationsschema entwickelt, das aber stets programmatisch blieb und nur eine Minderheit der aktiv Beteiligten berührte. Unter diesen Umständen wurde die Schwäche der Institutionen im wesentlichen auf imaginäre Weise erlebt und ausgedrückt. Man gebrauchte die Mittel, die gerade verfügbar waren. Eine Vielzahl von Jugendlichen, aber auch von Arbeitern, Lehrenden und Intellektuellen drückten sich durch symbolische Handlungen, exemplarische Kämpfe aus, durch die Wiederbelebung historischer Themen, die Infragestellung der Konsumgesellschaft durch eine Fete oder gar, was besonders den Umgang mit Autos betrifft, in Form eines Potlatch etc. Der archaische Charakter gewisser Kampf- und Organisationsformen erklärt sich aus der Tatsache, daß außer den alten Formulierungen und Bildern kein anderer signifikanter Grundstoff vorhanden war, auf den die neuen Situationen sich hätten beziehen können.

Unter dem Vorzeichen eines sich stetig verstärkenden Imperativs hat die Entwicklung der Produktivkräfte ein besonderes Modell von Individuen als Produzenten und Konsumenten ihres eigenen Bildes hervorgebracht. Das heißt, dieses Bild wird zu einem wesentlichen Räderwerk der ökonomischen Maschine selbst. Aus diesem Grunde wird die Legitimität der »eigenen Existenz« weniger durch Institutionen wie etwa die Familie, den Beruf, die soziale Gruppe, die Kirche oder das Vaterland vermittelt als vielmehr durch den Platz innerhalb der ökonomischen Strukturen. Die ursprüngliche Rolle der Konsumtion als regulatives Element der Produktion unterstellt die vorherige Determination eines stereotypisierten Bildes aller Typen von Individuen. Der Antagonismus besteht darin, daß die gleichen Produktivkräfte um so mehr »menschliche Faktoren« verlangen. Es ist weniger die in Zeit gemessene Verausgabung von Arbeitskraft, die den Arbeiter der zeitgenössischen Gesellschaft kennzeichnet, als vor allem die Qualität seiner Arbeit und seine strukturelle Position im Feld der Produktion. Kurz, was zählt, ist die Produktion von Signifikantem, und die Produktion von Signifikantem ist nicht zu trennen von der Produktion subjektiver Einheiten, das heißt: der *Produktion von Institutionen.* Der Widerspruch ist der, daß die Produktivkräfte einerseits dazu neigen, die Individuen durch stereotype Modelle zu unterwerfen, während sie andererseits (mit der Arbeitsorganisation, der Berufsausbildung, den technologischen Innovationen, der Umschulung, der Forschung etc.) die Produktion von immer stärker elaborierten subjektiven Einheiten gebieten.

Zu jener Zeit, als die Existenz noch durch Institutionen,

durch die Korporationen, die Hierarchie, die Religion etc. legitimiert wurde, *ging die Institution der Produktion voran.* Die Institutionen standen in einem anderen Verhältnis zur Produktion, als dies heute der Fall ist. Gewöhnlich bezogen sie ihre Struktur aus vorkapitalistischen Produktionsverhältnissen, einige waren noch vom Feudalismus geprägt. (Diese letzteren wurden übrigens in der Mai-Bewegung besonders aufs Korn genommen: die Standesorganisationen der Architekten, der Anwälte, der Ärzte etc.) Die der Legitimation dienenden Institutionen existierten vorwiegend um ihrer selbst willen, als Grundlage der herrschenden Ordnung; die Teilhabe an dieser Ordnung hatte einen Wert an sich, die *Ordnung* war Träger der besonderen unbewußten Wünsche, die z. B. durch einen Eid oder durch Embleme (Robe etc.) zum Ausdruck gebracht werden konnten. Im Gegensatz dazu zeigt die industrielle Revolution die Tendenz, die *Produktionsmaschine der Institution voranzustellen;* die Maschine ist zum vorzüglichen Träger des institutionellen Subjekts geworden. Die industrielle Revolution versucht, die Institutionen zu enteignen, sie ihrer metaphysischen Substanz zu entleeren. Aber die Evolution der Produktionsmaschinen und des ökonomischen Rahmens wird nicht direkt vom Bewußtsein erfaßt. Die sozialen Klassen schwimmen sozusagen weiterhin in einem imaginären natürlichen Milieu; sie sind nach wie vor auf der Suche nach einer phantasmatischen Stabilität. Daraus folgt ein immer größerer Abstand zu den Transformationen der Produktivkräfte. Eine bestimmte klassische Vorstellung von der Nation oder der Arbeiterklasse hat heute keinen anderen Träger mehr als diejenigen Politiker, Kämpfer und Organisationen, die ihre phantasmatische Entsprechung heute noch wie Geistliche verkörpern. Der Abgeordnete, der aus »tiefer Überzeugung« im Namen des Gemeinwohls pathetische Reden hält, wirkt lächerlich. Genauso ergeht es einem Linken, der die Legitimität seines gegenwärtigen Handelns mit seiner Teilnahme an der Résistance oder seiner Treue zu einem bestimmten Bild von der Arbeiterklasse zu begründen sucht. Doch trotz aller Lächerlichkeit stellt das »militante Theater«, animiert von den Besitzern der verschiedenen politischen Boutiquen, zwingend und unumgänglich die offizielle Welt der Vorstellung dar. Glücklicherweise gibt es Residualmilieus,

z. B. die Welt der Studenten oder die der Psychiatrie, die sich gegenüber der allgemeinen Integration als resistent erwiesen haben; beide nehmen übrigens im Hinblick auf die signifikante Produktion eine besondere Stellung ein.

Die Welt der Universität entzieht sich mehr und mehr der Unterwerfung; sie ist in zunehmendem Maße von der Gesellschaft abgetrennt. Das bekommt man vor allem im literarischen und künstlerischen Bereich zu spüren. Da die Produktion einer authentischen Forschung die soziale Ordnung in Frage stellt, ist sie nur schwer konsumierbar. Das Wesen des Massenkonsums dagegen besteht in der Verdrehung der Wahrheit, in der Vermeidung des *face to face* mit dem Subjekt, mit dem Wunsch, der Einzigartigkeit. Im Grenzfall stimmt die Position der Studenten und Universitätsangehörigen in ihrem Verhältnis zur signifikanten Produktion mit der der Geisteskranken überein. Die Neurose, der Wahnsinn als Träger der Wahrheit unterliegt einer permanenten Repression. Weil er die Wahrheitsfunktion des Symptoms entdeckt hatte, mußte Freud sein Werk gegen ein riesiges Unternehmen der Reduktion verteidigen. Das Ziel war und bleibt, den Wahnsinn zu reduzieren, ihn so zu definieren, daß er den Alltag in seinem guten Gewissen nicht mehr bedroht. Meiner Ansicht nach ist es die Aufgabe der revolutionären Linken, die auf die eine oder andere Weise vom Wahnsinn, von der Neurose, der Delinquenz und allmählich auch von den Problemen der Jugend, der Kindheit und der Kreativität betroffen sind, die symptomatische Bedeutung der Devianz zu erfassen und sie als Interpretationsmittel für das soziale Feld als Ganzes zu benutzen. Es geht also nicht darum, die Besonderheit der Lage des reduzierten Intellektuellen oder Verrückten mit passivem Wohlwollen zu erkennen, sondern im Gegenteil darum, die moderne Welt von der Besonderheit der subjektiven Positionen her zu durchleuchten und zu entziffern. Paradoxerweise verleihen die Institutionen der zeitgenössischen kapitalistischen Gesellschaft ihren archaischen Grundlagen um so mehr künstliche Vitalität, je weniger sie der Bloßstellung der Angst des wünschenden Subjekts entgegenkommen. Die »nationale Frage«, der Regionalismus, der Rassismus und der Familienkult erfahren heute, nicht zuletzt aufgrund einer weitgreifenden Unterstützung durch die Medien, eine ungewöhnliche

Belebung. Aber das ist nur eine unsichere Zuflucht, die für das Unbewußte keine wirkliche Bedeutung hat. Es liegt doch wohl auf der Hand, daß die patriotische Politik de Gaulles vor dem Hintergrund des faktischen Internationalismus der Produktivkräfte völlig absurd ist. Der Kult des Individuums gehört zur gleichen Strategie wie die wiedergefundene Verzauberung durch Familie, Provinz oder Vaterland. Die Wahrheit des Subjekts erfassen heißt nicht notwendigerweise, die Rolle des Individuums aufwerten. Wenn man das Subjekt von der sozialen Hydra befreien will, kommt man noch lange nicht zu individuellen Lösungen. Die Alternative beispielsweise zu den großen Wohnblocks ist nicht unbedingt das Einfamilien-Haus. Es wäre angebracht, der als Masse gefaßten Ich-Serialität von Individuen die signifikante Gliederung von unbewußten Subjekten und *Subjektgruppen* gegenüberzustellen, von denen man annehmen darf, daß sie einen Bruch in den Identifikationsprozessen markieren.

In diesem Sinne können die Anfänge der Bewegung des 22. März als Prototyp einer Subjektgruppe angesehen werden; sie war Mittelpunkt aller Aktivitäten, ohne daß sie Anspruch auf eine geschlossene Totalisierung erhoben und sich so der Einverleibung durch andere politische Bewegung geöffnet hätte. Die Bewegung vom 22. März war bemüht, die Situation nicht im Rahmen einer auf Kongressen festgelegten programmatischen Perspektive zu interpretieren, sondern die Interpretation Schritt für Schritt aus dem diachronischen Ablauf der Ereignisse abzulesen. Was zu artikulieren war, wurde, umgewendet, den Botschaften der Staatsmacht und der Polizei entnommen. Die Bewegung des 22. März hat sich geweigert, selbst die Situation darzustellen; sie war nur der Träger, der den Massen erlaubte, die Übertragung ihrer Hemmungen zu vollziehen. Die exemplarische Aktion dieser avantgardistischen Gruppe hat einen Weg eröffnet, Verbote ausgeräumt, ein Verständnis, eine neue logische Gliederung freigelegt, ohne sie gleichzeitig in einer Dogmatik zu ersticken.

Dies ist zweifellos das erste Mal, daß eine Bewegung mit politischen Charakter bis zu diesem Punkt psychoanalytische Elemente aufgenommen hat. Die Grenzen, an die sie in diesem Bereich gestoßen ist, sind ganz gewiß Grenzen der psychoanalytischen Theorie selbst oder zumindest Grenzen derjenigen

Theorie, die die Psychoanalyse mehr oder weniger geprägt hat. Sicherlich geht der Kult des Spontanen, ein gewisser Naturalismus, der massiven Rückkehr der Angst vor dem Unbekannten voraus; und genau das hat der Kommunistischen Partei, den Grüppchen und der Bewegung selbst die Möglichkeit gegeben, das Phänomen »zu handhaben«, und zwar durch den anarchistischen Konformismus. Alles hat dazu beigetragen, die offene Frage wieder zu verschließen, obwohl außer Zweifel steht, daß die Zukunft der Arbeiterbewegung von ihrer Fähigkeit abhängt, eine bestimmte Anzahl von Elementen der Freudschen Theorie zu integrieren. Es nutzt nichts, den Bürokratismus der traditionellen Organisationen zu denunzieren, wenn man nicht darüber hinauskommt, seine Ursache in irgendeinem strategischen oder taktischen Fehler oder in irgendeiner historischen Wende der Arbeiterbewegung zu sehen. In der Tat, es steht eine signifikante Logik hinter den organisatorischen Pyramidenbildungen; die Massenorganisationen, die an der Basis arbeitenden Linken, die Partei, das Zentralkomitee, das Politbüro, das Sekretariat sind in einer seriellen Gliederung gefangen, die dem authentischen Ausdruck der Massen und Individuen keinen Platz und keine Chance läßt. Im allgemeinen sind die militanten Organisationen von einer libidinösen Ökonomie homosexuellen Charakters gezeichnet, die jeden wirklichen Zugang zum Anderen verbietet, wobei der Andere sowohl der Jugendliche oder die Frau sein kann als auch die andere Rasse, das andere Volk. *Die pyramidale Gestaltung der politischen Organisationen entspricht genau der herrschenden sozialen Organisation.*

Die Lösung ist mit Sicherheit nicht in psychosoziologischen Rezepten zu finden; auf der Ebene der Gruppe ist die Entfremdung vermutlich nicht als solche zu resorbieren; keine Gruppenpsychoanalyse kann eine Gruppe »heilen«. Was freilich durch die Einrichtung von Aktionskomitees als Möglichkeit skizziert wurde, ist eine Art analytischer Aktivität auf der Ebene der Massen selbst. Diese analytische Aktivität verkörpert sich nicht in einer von den Massen abgelösten Avantgarde; sie ist vielmehr ein System permanenter Interaktion mit dem Ausdruck der Massen und diesem unmittelbar verwandt. Die Studenten, die nach Flins gegangen sind, waren in der

Lage, sich in die Kämpfe der Arbeiter und der Bevölkerung zu integrieren, ohne daß sie als Fremdkörper empfunden worden wären. Die analytische Gruppenaktivität hat nicht die Anpassung der Individuen an die Gruppe zum Ziel; ihr Ziel ist vielmehr, zu verhindern, daß sich die Gruppe als undurchsichtige Struktur der Massenbewegung substituiert. Sie zerschneidet die signifikante Kette, um sie für andere Möglichkeiten zu öffnen. Die Aktivität der militanten Gruppe bekundet sich nicht darin, vorgefertigte Antworten zu geben; im Gegenteil, sie soll die Problematik vertiefen, die Besonderheit jeder Etappe des historischen Prozesses aufdecken. Eben weil die Bewegung des 22. März die besondere Botschaft, deren Träger sie war, eine ganze Weile bewahren konnte, konnte diese Botschaft in den verschiedensten Milieus und in vielen Ländern vernommen werden. (Die Furcht vor einer ähnlichen Bewegung hat beispielsweise in der Tschechoslowakei eine ganze Serie überstürzter Handlungen ausgelöst.)

Das Dilemma des psychiatrischen Milieus soll, so wird häufig argumentiert, durch eine innere Wandlung des Krankenhauses oder durch verstärkte Intervention behoben werden. Vielleicht wäre es angebracht, zwischen dieser Phantasie von einer inneren Revolution des Asyls und jener anderen von der Legitimität der »Revolution in einem Land« eine Parallele zu ziehen. Am entgegengesetzten Pol gibt es die angelsächsische Sozialpsychiatrie, die »Antipsychiatrie«, die auf die Gesellschaft einwirken will, so daß die psychische Störung gewissermaßen inmitten des sozialen Feldes resorbiert wird, und die auf diese Weise die geistige Entfremdung auf die soziale Entfremdung reduziert. Immer wieder kommt man zu dem gleichen Punkt: der Wahnsinn wird als Skandal empfunden; es ist besser, ihn zu verleugnen und seine Manifestationen zu unterdrücken. Die Psychiater und die vielen anderen, die in der Psychiatrie arbeiten, haben gewiß alle Hände voll zu tun, um ihre Institutionen zu wandeln, zu humanisieren und zu öffnen; aber vielleicht liegt ihre eigentliche Verantwortung jenseits dieser Bemühungen. Ihre besondere Stellung in diesem Residualmilieu versetzt sie in die Lage, den Status und die Methodologie der Humanwissenschaften, der politischen Ökonomie und aller institutionellen Bezüge radikal anzugreifen und sie als Strukturen der Verkennung subjektiver Positio-

nen aller nicht reduzierbaren Gruppen und Verhaltensweisen
– der »Katangesen« aller Art – zu entlarven, die in diesem
Sinne als Prototyp des authentischen revolutionären Kämpfers
wie auch des »neuen Menschen« einer künftigen sozialistischen Gesellschaft gelten können. Die Psychiatrie und die
Humanwissenschaften schienen bisher per definitionem von
der Politik abgetrennt; künftig wird vielleicht eine andere
Psychiatrie, die sich im Sinne der Mai-Ereignisse als Glied
einer anderen Politik versteht, über diese Grenzen hinaus-
weisen.

1969

Anmerkungen:

 * Bericht auf dem Dritten internationalen Kongreß für Psychodrama und institutionelle Therapie in Baden, Sept. 1968. Erschienen in *Partisans* Nr. 46, Februar/
März 1969. – »Katangesen« werden in Frankreich diejenigen genannt, deren Position und Rolle in den politischen Gruppen nicht genau auszumachen ist. *A. d. Ü.*

 1 Regionale Gegeneinrichtungen zum offiziellen Unterricht; einige von ihnen, in
Nantes, Marseille und in der Region Centre, vereinigen Pfleger, Psychiater, Psychologen etc.

 2 Unter »Sektor« oder »Bezirk« versteht man extramurale Organisationen und
Einrichtungen, die der mentalhygienischen Versorgung von jeweils 70 000 Einwoh-
nern dienen sollten (Tageskliniken, Dispensarien, Gemeinschaftsräume, beschützen-
de Werkstätten, Plazierung in Familien, Hausbesuche etc.) Siehe die Sondernummer
der Zeitschrift *Recherches* vom Juni 1967: *Programmation, architecture et psychiatrie.*

 3 Vgl. *Recherches universitaires,* Jan. 1964; diese Nummer der Zeitschrift geht
ausführlich auf die hier angedeuteten Fragen ein; vgl. auch den Bericht *Anmerkungen zur institutionellen Therapie und zu den mentalhygienischen Problemen im
studentischen Milieu* in diesem Buch.

 4 Dies ist eine Anspielung auf eine Auseinandersetzung zwischen dem französisi-
schen Minister für Sport und Kultur, Missoff, der den Bau eines Schwimmbades in
Nanterre empfohlen hatte, und Vertretern der Studentenbewegung. *A. d. Ü.*

Einführung in die institutionelle Psychotherapie*

Darstellung

Der Ausgangspunkt jenes Denkansatzes, der zu den aktuellen Formulierungen über die institutionelle Psychotherapie geführt hat, läßt sich – ein wenig willkürlich – auf die Zeit vor der Befreiung Frankreichs datieren. Man könnte noch weiter zurückgehen, in die Periode nach dem Ersten Weltkrieg, als in Westfalen in verschiedenen psychiatrischen Krankenhäusern die »aktive Therapie« nach Hermann Simon entwickelt wurde, oder noch weiter zurück, zu den englischen Methoden des »no restraint«, des »open door« etc. Man hatte schon eine ganze Reihe von Versuchen gemacht, »das Schicksal der armen Geisteskranken zu humanisieren«; aber ein systematischer Ansatz der psychiatrischen Revolution in der Theorie wie in der Praxis wurde zum ersten Mal von den verschiedenen aufeinander folgenden Gruppen um François Tosquelles im psychiatrischen Krankenhaus von Saint-Alban (Lozère) begründet.

Nach der Entlassung aus Gefangenen- und Konzentrationslagern sah eine Reihe von Pflegern und Psychiatern die Probleme des psychiatrischen Krankenhauses mit neuen Augen. Außerstande, konzentrationslagerhafte Institutionen noch länger zu ertragen, begannen sie, kollektiv die Abteilungen zu transformieren, die Mauern niederzureißen und den Kampf gegen den Hunger zu organisieren etc. In Saint-Alban war die Lage vergleichsweise noch militanter, da das Krankenhaus unter anderem als Versteck für Widerstandskämpfer gedient hatte. Dort fanden sich Intellektuelle aus dem Kreis der Surrealisten, von Freud beeinflußte Ärzte und engagierte Marxisten zusammen. In diesem Schmelztiegel wurden neue Instrumente zur Aufhebung der Entfremdung geschmiedet – zum Beispiel der erste intramurale therapeutische Klub (der Klub Paul Balvet).

Es entstand eine neue Einstellung, eine neue, zunächst militante Welt der Geisteskrankheit, die die gewohnten Stereotypen ins Wanken brachte und sowohl die reaktionären Kreise der Verwaltung als auch das »linke« Milieu irritierte. Man richtete sich nach der Maxime, die Umgebung zu behandeln, ehe irgendeine individuelle Kur begonnen wird. Die Entwicklung von Arbeitstechniken mit »intramuralen therapeutischen Klubs«[1] erteilte den überkommenen Vorstellungen über Aufregungszustände, Chronizität etc. eine Abfuhr, die so deutlich war, daß sich sogar die traditionelle Semiologie durch die Einrichtung von neuen Beziehungen zwischen Kranken und Behandelnden, Pflegern und Ärzten[2], Ärzten und Familien etc. in Frage gestellt sah. Nach und nach geriet die gesamte Ausstattung der Psychiatrie aus den Angeln, so daß sich eine Annäherung zwischen der Krankenhauspraxis und der Psychoanalyse vollziehen und eine alte Wunde geheilt werden konnte – der Bruch zwischen Jung, Bleuler und den Zürichern einerseits und Freud andererseits –, eine Wunde, die die Psychoanalyse lange Zeit von der Psychiatrie getrennt hatte. Daher rührt also die Perspektive einer »institutionellen Psychotherapie«, die, verkürzt formuliert, darauf hinweist, daß eine psychotherapeutische Kur für Schwerkranke nicht ohne eine Analyse der Institution möglich ist. Entsprechend mußte die Konzeption der individuellen Kur unter stärkerer Berücksichtigung des institutionellen Kontextes revidiert werden. Im Jahre 1960 haben sich einige von uns zusammengetan, um eine Arbeitsgruppe zu bilden, die GTPSI (Groupe de travail de psychologie et de sociologie institutionelles); 1965 haben wir dann eine größere Gesellschaft gegründet: die SPI (Société de psychothérapie institutionelle).

1. Der Ausgangspunkt

All diese Bestrebungen bezeichnen eine immer wieder erneuerte Infragestellung der Forschungsmethoden der Humanwissenschaften: Der direkte Zugang zum Individuum ist unmöglich, oder aber er entlarvt sich als trügerisch; man kann *glauben*, mit einem Kind, mit einem Neurotiker zu sprechen, man kann glauben, daß er einen hört, aber das kann sehr wohl eine Täuschung sein. Suggestionseffekte entstehen unabhängig von den Absichten des Beobachters. Eine Psychologie der Adaptation kann zwar zu Ergebnissen kommen, aber sie kann das Subjekt nicht wirklich erreichen. Der Zugang zu den fundamentalen Wünschen verläuft auf Umwegen, über bestimmte Vermittlungen. Genau an diesem Punkt führen wir den Begriff der »Institutionalisierung« ein, das Problem der Produktion von Institutionen: Wer produziert die Institution und gliedert ihre Untereinheiten? Gibt es eine Möglichkeit, diese Produktion in andere Bahnen zu lenken? Die in der zeitgenössischen Gesellschaft übliche Vermehrung von Institutionen bewirkt nichts anderes als eine zunehmend schärfere Entfremdung des Individuums. Ist Delegierung von Verantwortung möglich, so daß der Bürokratismus durch eine *institutionelle Kreativität* ersetzt werden könnte? Und unter welchen Bedingungen? Gibt es besondere Techniken, dem jeweiligen Untersuchungsobjekt das Wort zu geben? Wenn nämlich – implizit oder nicht – das Untersuchungsobjekt verdinglicht wird, wenn man ihm nicht die Mittel gibt, sich auszudrücken, auch – bzw. vor allem – wenn es selber nicht über adäquate Kommunikationsmittel verfügt (solche Mittel können der Traum, die Phantasie, der Mythos, der bildliche, der praktische Ausdruck etc. sein), dann wird man selbst Opfer einer Täuschung, Opfer von Beziehungsprojektionen auf das gemeinte Objekt. Im Grunde geht es hier um eine neue Problematisierung der alten, immer noch nicht überwundenen Kategorien der universalisierenden und abstrahierenden Psychologie.

Der Psychiater läßt sich unter verschiedenen Gesichtspunkten definieren: unter denen seiner sozialen Herkunft, seiner Beziehung zum Staat, der Situation, in die er sich integrieren muß und die ihm keinen Spielraum läßt, seiner persönlichen Selbstdetermination, seines Gehabes, seines Alters, seines Durchsetzungsvermögens etc. Von daher könnte man Definitionen der psychiatrischen Rolle und Aufgabe innerhalb bestimmter Grenzen formulieren, die allerdings dann einen ganz anderen Sinn bekommen, wenn man den Wahnsinn als etwas bestimmt, das der sozialen Determination entgeht. Sagt man, der Psychiater sei derjenige, der mit dem Wahnsinn zu tun habe, so ist diese Definition kaum mit der ersten zu vereinbaren; man steht vor einem Riß zwischen der Berufung, die Antworten des Wahnsinns zu erhaschen, und der Tatsache, Agent der Eingliederung dieses Wahnsinns in eine Struktur der sozialen Entfremdung zu sein. Da kann man

mit Recht fragen: Was wollt ihr denn überhaupt – Gehaltser-
höhungen oder Philosophie?

Im Hinblick auf die soziale Determination des Psychiaters
haben wir es mit etwas zu tun, das Tosquelles als politisches
Problem behandelte: der Artikulation einer Gruppe gegenüber der Gesamtgesellschaft. Geht man jedoch von der exi-
stentiellen Vertiefung einer bestimmten Beziehung zum
Wahnsinn aus, so stößt man auf den wunden Punkt der
kulturellen und anthropologischen Forschung überhaupt: den
Freudismus und alle anderen Explorationsformen menschlichen Handelns. Eine ganze Reihe konzeptueller Probleme
wären zu erörtern, deren ernsthafte Bearbeitung jedoch kaum
in Gruppen geschehen kann. Einige der Konzepte, die wir
diskutieren wollen, waren vielleicht ursprünglich persönliche,
die jetzt neu reflektiert und zu Konzepten der GTPSI werden
müssen; sie müssen sich in »Gruppenrichtlinien« verwandeln,
in ein Arbeitskonzept. Auf diese Weise lassen sich Konzepte
verschiedenen Ursprungs umwandeln: psychoanalytische,
philosophische etc. Ihre Erörterung, insbesondere die derjenigen, die die Artikulation der Analyse dem politischen Bereich
vorbehalten wollen, erlaubt möglicherweise, dort eine Wahrheit zu enthüllen, wo sich eine undurchsichtige Ideologie zu
bilden droht. Es geht also nicht um eine humanistische
Orientierung, sondern darum, zu wissen, auf welchem Wege
man herauskommt, wenn man an einem gegebenen Ort in der
Klemme sitzt. Aus einer solchen Notwendigkeit heraus, gestützt auf eine kleine Zahl avantgardistischer Gruppen, die ein
gemeinsames Vorgehen entwickeln, wobei weniger Handlungen gemeint sind als eine Gesamtstrategie, wird sich das
Problem der analytischen, politischen und ethischen Kontrolle stellen.

2. Was ist eine Gruppe?

Wenn man von einer Gruppe spricht, muß man das gemeinte
Objekt methodologisch bestimmen. Beschäftigt man sich mit
historischen Gruppen, etwa dem Zusammenschluß von seß-
haften Bauernstämmen in größeren territorialen Einheiten zur
Zeit der Konstitution der ersten Staaten Ägyptens, um die
Ent- und Bewässerungsmöglichkeiten am Nil besser zu nut-

zen, so gewinnt man den Eindruck, daß hier ein unifizierendes Gesetz politischen und religiösen Charakters auf quasi mechanische Weise entstanden ist. Allem Anschein nach haben sich die elementaren Bestandteile nach objektiven Gesetzen assoziiert, ähnlich wie sich die übergreifenden politischen und ideologischen Strukturen quasi mechanisch eingerichtet haben. Ob das nun stimmt oder nicht, ich gebrauche dieses Bild zur Illustration dessen, was ich unter *unterworfenen Gruppen* verstehe: Gruppen, die ihr Gesetz von außen beziehen, im Unterschied zu anderen Gruppen, die behaupten, sich aus einem inneren Gesetz heraus zu bestimmen; solche Gruppen gründen sich selbst; ihr Modell ist eher im Umkreis von religiösen oder militanten Gesellschaften zu suchen, deren Totalisierung von ihrer Fähigkeit abhängt, dieses Gesetz zu inkarnieren.

Woran lassen sich diese Gruppen-Symptome erkennen? Wie läßt sich erkennen, ob eine Gesellschaft in einem gegebenen Augenblick eine Mutation in sich birgt? Wie läßt sich ein sozialer Umbruch erkennen, dessen objektive Entwicklung einem sozialen Verlangen nachkommt? Da gibt es überhaupt keinen Mechanismus mehr. Daß sich zu einer bestimmten Zeit in der französischen Feudalgesellschaft ein Verlangen nach sozialer Veränderung zeigte, implizierte nicht automatisch die Auslösung einer Revolution, sondern nur den Wunsch nach etwas anderem: die an tausend Symptomen erkennbare Begeisterung für einen Umbruch.

Wenn ein Subjekt im Rahmen dieser Gruppen Bestätigung sucht, muß es zunächst begreifen, daß es unter den augenblicklichen Gegebenheiten der sozialen Mechanik keinen Platz hat. Fortan ist es gezwungen, sich Eingang zu verschaffen, dem bestehenden System Gewalt anzutun. Genau in dem Maße, in dem ihm diese Bestätigung gelingt, spielt es in der Gesellschaft die Rolle eines subjektiven »Einschnitts«, eine Rolle übrigens, die es selbst unter anderen Umständen einem größeren Segment der Menschheit hinterlassen könnte. Wenn zum Beispiel die GTPSI sich unfähig erwiese, ihre Autonomie als kulturelle Gruppe zu behaupten und zu erhalten, könnte sie leicht von der progressiven französischen Psychiatrie aufgelesen und buchstäblich mitsamt den Risiken einer jeden seriellen Strukturierung verschlungen werden.

Wie ist der Lauf der Dinge? Man muß beachten, auf welche Weise sich der Effekt der Subjektivität verschiebt. Wenn es zutrifft, daß das konstitutive Gesetz der Gruppe intentional und explizit geworden ist, hat es Rückwirkungen auf das äußere Feld, zu dem sich diese Gruppe wie ein potentielles unbewußtes Subjekt verhält. Wir sind heute das unbewußte Subjekt der Psychologie von morgen, das Unbewußte derer, die morgen ihre Psychiatrie machen, allerdings nur, solange sich diese Gruppe auf die Wahrheit hinbewegt. Wenn nicht, sind wir überhaupt nichts. Und genau an diesem Punkt sage ich: Alles oder nichts! Es gibt eine Möglichkeit, daß wir uns auf dieser Ebene in ein signifikantes Dasein begeben; wenn nicht, dann haben wir nur eine Schule mehr gegründet und bleiben den vorgeschriebenen Kreisläufen verhaftet.

Um dieses Spiel der Serialität und Alternative des Subjekts zu verstehen – des Subjekts, das bewußt ist in dem Gesetz, das es sich gibt, aber unbewußt in der Determination, die die anderen aus ihm beziehen –, darf man nicht vergessen, daß es hier um etwas geht, das sich vom Sprechen und dem Feld der Sprache her entwickelt. Dieses Sprechen ist von einem gegebenen Kreislauf bestimmt; aber es bringt auch eine Anzahl von Informationen in dessen offene Totalisation ein, es kapitalisiert einen bestimmten Ausdruck, der sich als Kode auf die Totalität der im Umlauf befindlichen Sprache einschießt. Wir benutzen Begriffe (Institution, Psychiatrie), die auch von anderen verwendet wurden, von denen wir aber hier einen determinierten privaten Gebrauch machen. Aus diesem Grunde tendieren wir zur Konstituierung einer *subjektiven Gruppeneinheit,* indem wir den Sinn der vielgebrauchten Konzepte in andere Bahnen lenken. Von ihr ist auch die Erkenntnis der *subjektiven Konsistenz* des Dialoges von sozialer Person zu sozialer Person abhängig. Wir verschaffen uns Eingang in die bestehenden psychoanalytischen Gesellschaften, in die marxistischen, die christlichen, die existentialistischen Schulen.

Unser Problem ist die Freilegung einer Struktur der sozialen Aussage. Bleibt man bei Begriffen wie dem des idealen Ich oder des Ich-Ideals, so gelten die Überlegungen einem Subjekt, das sich nicht in ein gegebenes soziales Feld zu integrieren sucht, sondern allein, in Funktion des Sprechens, in das

Feld des Anderen. Man beginnt bei einer Ausgangssituation, die durch absolute Kontingenz gekennzeichnet ist, durch einen *absoluten Narzißmus (das Ding)*, um schließlich zu einer hypothetischen Öffnung auf die Gesellschaft zu gelangen, zu einer »Heilung«, die, vollkommen unbestimmt, jede Art von Integrationsproblemen unterworfener Gruppen enthält (Schule, Sportverein, Kaserne, Gewerkschaft, Partei etc.). Man geht aus von einer unbewußten singulären sozialen Konstellation und bewegt sich auf die Offenlegung des abstrakten Unbewußten zu.

Für uns gibt es indessen auch den umgekehrten Weg, der zur Erforschung jener unbewußten sozialen Struktur führt. In diesem Sinne hat das Sprechen, so wie es sich in der Gruppe darstellt, keineswegs mehr die Funktion der Verdrängung, die man ihm zuschreibt, sobald es um die Aufhellung der Instanzen geht, die mit dem persönlichen *das Ding* zusammenhängen. *Das Ding* ist nur noch eine Etappe der Entschleierung von signifikanten Möglichkeiten, so wie man z. B. sagen kann: Was ist das für eine Gesellschaft, in der die Verrückten auf der einen und die Revolutionäre auf der anderen Seite stehen? Etwa eine Gesellschaft, in der es keine Subjektgruppe gibt, um diese Elemente zu vereinen? *Das Ding* ist kein rekursiver Horizont mehr – kein Horizont der *Nachträglichkeit* –, es ist nicht mehr der illusorische Begründer einer individuellen Persönlichkeit.

Das Problem des destruktiven Gruppenunbewußten ist als Antwort auf die Notwendigkeit zu sehen, daß die Gruppe mit einem Einschnitt in eine historisch-soziale Welt eindringen muß, die nichts von ihr wissen wollte. In dieser blinden Welt reicht die einfache Bekräftigung eines: »Warum gerade diese Struktur und nicht lieber eine andere«, und der *Todestrieb* der Gruppe bringt eine Dimension der Gewalt in den Initiationscharakter, den die Gruppe für ihre Mitglieder angenommen hat. Auf ganz gewöhnliche Weise in der Welt zu sein, gehalten, zu heiraten, zur Armee zu gehen, die Messe zu besuchen, allen möglichen Ritualen zu opfern: das ist in Funktion dieser Gesellschaft ohnehin schon ausgestanden. Setzt man sich dagegen auf revolutionäre Weise mit dieser Welt auseinander, so macht man sich selbst zum Opfer der Gesellschaft; man wird ein Versammlungsritual postulieren und instituieren, man wird Elemente des zusätzlichen Kodes in der gewaltsam eindringenden Gruppe finden, die den Wert sozialer Transgredienz haben. (Als mir zum ersten Mal Aufgaben in einer Versammlung anvertraut wurden, wäre ich am liebsten sofort verschwunden.) So verdoppelt, wiederholt und übernimmt man die soziale Gewalt. Man setzt Prozesse in Gang, die für solche Gruppen unverzüglich die Bejahung des Prinzips ihrer Endlichkeit und ihrer Auflösung bedeuten, zumal sie neue Merkmale der Kastration einführen, einer Kastration, die nicht mehr den Charakter der repressiven Initiation in einer dominierenden Sozialstruktur hat. Die militante Initiation ist die Bejahung der Endlichkeit jedes menschlichen Unternehmens, das Fehlen jeder transzendentalen Garantie, der Tod Gottes an Stelle des Schuldgefühle weckenden Todes des Vaters und seiner Kastrationsdrohungen in der ödipalen Initiation.

Unter dem Todestrieb der Gruppe verstehe ich den entgegengesetzten Trieb zu der Lust, zusammen zu sein. Diese Umkehrung, die sich gleichzeitig mit der positiven Figur herstellt, muß beachtet werden, wenn man den Grad von Aggressivität und Gewalt im Gruppenleben verstehen will. Der Wunsch der Jugendlichen, die zu uns kommen, enthüllt sich bei gründlicher Analyse als Streben nach der Befriedigung eines Todestriebes, der, wie jeder andere Trieb, möglichst schnelle Erfüllung verlangt und die Umwege der Sublimierung zu vermeiden sucht: »Gebt mir das richtige Wort . . .« Dieser fordernde Trieb beinhaltet die Weigerung, sich den Ansprüchen der unterworfenen Gruppen zu beugen, sowie einen möglichen Zugang zum Wunsch; gleichzeitig bleibt die Gefahr bestehen, sich auch auf dieser Ebene zu entfremden. Sofern die Neugliederung einer Totalität erfolgt, die ihr Gesetz von anderswo bezieht, können die Todesphantasien aufgedeckt, kann der Weg zur Wirklichkeit geöffnet werden. So wird der Todestrieb der Gruppe durch rituelle Elemente, leeres Sprechen, abschirmende Versammlungen und andere Momente der Gruppenmechanik ausgedrückt und gebannt. Für die Konstituierung einer Gruppe ist dieser Aspekt unabdingbar; ohne ihn gäbe es nur kurzfristige Versammlungen um irgendeinen Phallus. Obgleich notwendige, für diese Gruppendimension spezifische Eroberungen, drohen die

Strukturen, die den unbewußten Trieb ausdrücken, stets zu einem System der Entfremdung und der Antikultur zu verkommen.

3. Die Institution

Ein Kranker, was ist das? In erster Linie ein Bürger, sodann ein Individuum, und schließlich kann man sich auch noch fragen, was das mit der Tatsache zu tun haben könnte, ein sprechendes Subjekt zu sein.

Die Beziehungen unter Bürgern sind wichtig, da sie das Netz der offiziellen Normalität determinieren. Das kranke Individuum kann über bestimmte Zugänge zu den rationalen Bedeutungen verfügen oder auch nicht. Diese Möglichkeit kann uns auf weitere Möglichkeiten verweisen; das geschieht aber nicht automatisch. Unter diesem Gesichtspunkt ist es interessant, daß das Wort Übertragung auch im Sinne des »Transports«[5] gebraucht wird, vor allem in dem Sinne, wie man Transport im 18. Jahrhundert verstand: als Liebestaumel (franz.: transport amoureux). Was als Bedeutungen übertragen oder blockiert wird, ist eine bestimmte Anzahl von Signifikanten in einer Gesellschaft, denn ein einzelnes Individuum kann sich unter den gegebenen historischen Bedingungen und in einem gegebenen Kontext nur aus einer bestimmten Begegnung mit einer Institution heraus artikulieren – diese Institution kann beispielsweise der Arzt sein. Das Problem des Individuums kann darin bestehen, daß es nicht weiß, wie man unter diesen Bedingungen zum Subjekt wird. Was soll man tun, um ein sprechendes Subjekt zu bleiben, um wirklich zu sprechen? Das Subjekt ist nicht notwendigerweise das Individuum, nicht einmal *ein* Individuum; man muß es aus dem Herzen seiner Entfremdung ausgraben, ihm eine neue geschichtliche Möglichkeit in der Undurchsichtigkeit seiner Situation eröffnen. Das kranke Subjekt, das uns aufsucht, steht vielleicht mit Leib und Seele vor uns, vielleicht ist es aber immer noch Gefangener einer Notiz im Geldbeutel des Vorarbeiters seiner Fabrik, oder vielleicht finden wir zu ihm, wenn wir es im Klub warten lassen, wo andere Kranke ihm einen besseren Empfang bereiten, als wir es könnten . . .

Wer wird das unbewußte Subjekt in diesem Augenblick

enthüllen? Es ist das Sprechen, jede noch so geringe Manifestation eines Ereignisses, was das Subjekt wieder zu sich bringt. Unter diesen Umständen kann alles sinnvolle Effekte produzieren: Versammlungen, Medikamente, Elektroschocks, Zeitungen, die chinesische Revolution, Lieder; alles kann den Anstoß geben zu einer möglicherweise entscheidenden Intervention in einer institutionellen Situation mit psychotherapeutischem Anspruch, alles kann zur Interpretation im weitesten Sinne dienen. »Die seelischen Energien einer durchschnittlichen Masse, die ein Fußballspiel erregt verfolgt oder eine kitschige Operette miterlebt, von ihren Fesseln gelöst, in die Bahnen zu den rationalen Zielen der Freiheitsbewegung gelenkt, wären nicht mehr zu binden. Von diesem Gesichtspunkt aus ist die folgende sexualökonomische Untersuchung geleitet.«[6]

Während der Psychoanalytiker sich mit einer lächerlichen Reihe von Deutungen begnügt, ist das Charakteristikum der Institution, potentiell ein analysierendes Subjekt zu sein, das nicht mit einem Individuum identisch ist. Sie wird das allerdings nicht automatisch: meist bleibt sie eine blinde Struktur, die auf der Entfremdung aufbaut, das Subjekt auf sich selbst zurückwirft und das Individuum in der Ausweglosigkeit, dem *Status quo,* beläßt.

Warum institutionelle Psychotherapie? Das heißt nichts anderes, als daß man genug hat, von dem Arzt, der sich als Individuum, Kollege oder Mitbürger anbietet, »für jemanden« zu sprechen, genug von dem, der sich als »Sprachrohr« des Subjekts ausgibt, das die Institution sein könnte. Sicher weiß er darüber nicht unbedingt Bescheid. Ist er nicht selbst als Agent dieses Prozesses unbewußt der Gefangene, mit seinem Eheleben, seiner Kultur, seinen Meinungen etc.? Die Frage ist, ob er zum Element einer Wahrheitsbeziehung werden kann, das sich gegenüber dem Pflegepersonal und all denen artikuliert, die die Begegnung suchen mit dem, was »so geredet« wird. Nur so kann man hoffen, daß die verschiedenen Instanzen, die verschiedenen Momente einer psychoanalytischen Kur oder einer institutionellen Psychotherapie neuen Boden gewinnen. Es ist dies die notwendige Voraussetzung für jede Möglichkeit, wirkliche, institutionelle Monographien zu schreiben.

Geht man nicht von der Definition des Subjekts als unbewußtem Subjekt oder vielmehr als kollektivem Agenten der Aussage aus, so besteht die Gefahr, die Institution und die gesamte Gesellschaft als *Struktur* zu verdinglichen. Daher das Risiko, eine falsche Dichotomie zwischen der Institution als Sublimierungsfaktor einerseits und Entfremdungsfaktor andererseits herzustellen. Zwangsläufig findet man dann die *alten Rollen* – eventuell in weichere Formen verpackt – wieder: die des Arztes, des Pflegers, des Kranken, die ganze innere Hierarchie und die Phantasiesysteme, sie alle werden wiederhergestellt und wie ehemals kodifiziert. Genauso geht es mit den traditionellen Mythologien: Eine Gesellschaft von gewisser Stabilität findet immer Repräsentanten ihrer Kirche, die einen Kult im Zeichen neuer Situationen uminterpretieren und umformulieren. Wenn es dagegen gelingt, den totalisierenden Charakter einer Institution (des Staates oder einer Partei) ins Wanken zu bringen, ihn aufzubrechen, statt sich auf ihr als Struktur um die eigene Achse zu drehen, kann sie subjektive Konsistenz erlangen und Veränderungen bewirken. Genau darauf wollte ich hinaus, als ich, vielleicht ein wenig übertreibend, den Unterschied zwischen den Gruppen hervorhob, die sich selbst nur etwas Passives bedeuten, den unterworfenen Gruppen, und denen, die ihre eigene Position selbst interpretieren wollen: den Subjektgruppen. Religiöse Gruppen, politische Gruppen oder – warum nicht? – die Institution, die zugleich psychiatrisch, analytisch und politisch wäre. Um jede Konfusion zu vermeiden, soll noch einmal betont werden, daß eine Gruppe keine »analytischen Tugenden« haben kann; im Gegenteil, abgesehen von Zeiten, in denen ein revolutionärer Wind bläst, ist eine ganz besondere Praxis, eine ganze Gruppen- und Institutionenchemie erforderlich, um »analytische Effekte« zu erzeugen. Müssen wir noch einmal wiederholen, daß eine solche Praxis nur von einem kollektiven Agenten getragen werden kann – von der Gruppe selbst –, in ihrem Ziel, nicht nur ihr eigenes Subjekt, sondern auch Subjekt der Geschichte zu sein?

4. Neue Richtung der Psychoanalyse

Die Art und Weise, wie der Psychiater mit analytischer Ausbildung das von ihm erfaßte Symptom restituiert, zeigt die

Neigung, nach einem Anknüpfungspunkt in der persönlichen Lebensgeschichte zu suchen; diese Geschichte soll in Form imaginärer Historizität neu gegliedert werden – jeder individuelle Mythos soll einem großen Referenzmythos angeschlossen werden. Dieser große Mythos findet seinen Zusammenhang in einem totalisierten und totalisierenden System. Es ist die Referenz des großen Anderen. Alle imaginären Referenzen der individuellen Geschichte, alle individuellen Komplexe und Sperren werden auf diese fundamentale mythische Instanz bezogen. Ähnlich würden primitive Gesellschaften versuchen, alles, was passiert, in Relation zu einem zentralen Mythos zu erklären, auch wenn sie ihn modifizieren müßten, um die Totalität der zu interpretierenden Erscheinungen zu erfassen. Dem liegt ganz einfach der Wunsch zugrunde, daß alles irgendwie zusammenhalten muß, und dieser Wunsch ist besonders stark in bezug auf ein gegebenes territoriales Feld, eine gegebene Sprache und im Rahmen eines kollektiven Kodierungsprozesses, der nicht über die Mittel der Schrift verfügt. Die analytische Interpretation indessen bedeutet eine Forcierung dieses Prozesses, eine rasende Hegelianisierung: Alles wird in den idealistischen und reaktionären Rahmen einer geschlossenen Gesellschaft gepreßt, die nicht wahrhaben will, daß die Klassen entstanden sind, um wieder zu verschwinden, um sich zu detotalisieren; daß die Ideologien dazu bestimmt sind, sich gegenseitig zu vernichten; daß es nie eine Garantie für eine moralische Ordnung ›an sich‹ geben wird. – Die Freudsche Ideologie hat sich im Laufe ihrer Entwicklung immer stärker auf die berühmtesten und schönsten antiken Mythen gestützt. Da unsere zeitgenössischen Mythen lächerlich und falsch erschienen, hielt man es für nötig, die der antiken Gesellschaft aufzusuchen. Nicht zufällig wurden die griechischen Mythen vorangestellt; Freud kann man deswegen kaum einen Vorwurf machen, da er andere hätte erfinden müssen, was er übrigens für *Totem und Tabu* getan hat. Er nahm das, was greifbar war. Es mußte um jeden Preis ein überzeugendes und bestätigendes homogenes Referenzsystem gefunden werden, an dem man sich festhalten konnte.

Damit stellt sich ein wichtiges philosophisches Problem: Gibt es eine eindeutige Korrespondenz zwischen dem Sein und der Sprache, derart, daß sich die Garantie für die Stabilität der Bedeutungen auf das Sein selbst gründet und man eines Tages durch die Analyse zu den Ankerpunkten eines absoluten Seins vordringen wird? Man endet bei der Philosophie Heideggers, der die Hermeneutik auf eine Serie von fundamentalen Kategorien verschiebt wie »Schnitte mit dem Trennmesser«, die auf Möglichkeiten des Ausdrucks selbst verweisen. Eine solche regressive Analyse der angeblichen Ankerpunkte der Sprache ist vielleicht von literarischem Interesse, aber sie bleibt befangen in der Vorstellung von der langen Dauer, einer Art Ewigkeit der Bedeutung und des Seins. Schließlich wird auch diese Leidenschaft für die poetische Etymologie nur eine kleine Anhängerschaft finden. Um ehrlich zu sein: Die ursprüngliche Freudsche Analyse hat nie einen Fuß auf diesen Weg gesetzt. Bei der Interpretation eines Versprechers etwa folgt Freud nicht etymologischen Spuren.

Die Konsequenz ist, daß die Psychoanalyse, insbesondere die der Epigonen, mit einem Imperativ der doppelten Selektion arbeitet: sie ist repressiv und limitativ in den Mythen, und sie ist es korrelativ auch in dem Bereich, für den sie sich zuständig fühlt, d. h. für eine gewisse Kategorie von Neurotikern, aber wiederum nur für gewisse Aspekte dieser Neurotiker, für eine gewisse begrenzte Anzahl von Geisteskrankheiten, für ein sorgfältig abgegrenztes kulturelles Milieu. Man könnte sich ausmalen, daß die Psychoanalytiker im Laufe der Zeit, mit der Weiterentwicklung der Psychoanalyse, keine Kranken mehr behandeln können, sondern nur noch Bürokraten . . . Man könnte sich sogar vorstellen, daß die Psychoanalyse eines Tages nur noch dazu da wäre, Psychoanalytiker zu analysieren. So könnte man zu einem Initiationssystem gelangen, einer Gesellschaft, deren Funktion allein die Gründung einer anderen, identischen Gesellschaft wäre; oder man käme zu einer in sich gekehrten religiösen Gesellschaft, mit dem schlichten sozialen Auftrag, der Welt das Meditieren zu erlauben, so lange wie möglich, in absoluter Stille und auch im Wohlstand – doch genau da findet dann der Vergleich mit den Einsiedlern seine Grenzen. Einen Psychoanalytiker am Kragen zu packen und in eine Anstalt zu verpflanzen ist das gleiche, wie einen Priester aus dem Mittelalter in eine Fabrik oder in ein Schwimmbad zu setzen; er würde im Handumdrehen versuchen, durch Exorzismen und Exkommunikationen wieder herauszukommen. Manchmal klappt es sogar, das zieht die Leute an, und dann . . .

Es bleibt die Praxis, die uns treibt, um jeden Preis etwas zu finden. Was soll man tun, wenn man in irgendeiner ausweglos scheinenden Lage steckt? Eine Fabrik, ein Asyl oder ein Kranker: alles stinkt . . . Wir müssen suchen. Auf der Tagesordnung steht eine möglichst umfassende Veränderung der Situation. Wer vorgibt, von vornherein zu wissen, wohin das führt, handelt wie die Psychiater, die in ihren Sesseln dahindämmern und endgültig den Stecker herausgezogen haben . . .

So weit, so gut. Doch es bleibt das Grundproblem: Welches ist die Referenz? Wenn man sagt, das Unbewußte sei »strukturiert wie eine Sprache«, soll das heißen, daß die Zugehörigkeit zu dieser Struktur Undurchlässigkeit, Permanenz impliziert? Jede Forschung, ob ethnologisch oder die einer lebendigen Psychiatrie, lehrt uns, daß die Vorstellungen, die Mythen, alles, was die Bühne hinter dem Vorhang belebt, nicht notwendigerweise die heiligen Monstren der Steinzeit sein müssen, daß die agierenden Figuren nicht zwangsläufig der Vater, die Mutter, die Großmutter sind, sondern durchaus Personen, die in die fundamentalen Konflikte unserer Gesellschaft verwickelt sind, das heißt: in den Klassenkampf unserer Zeit. Wenn es eine philosophische Grundlage der Psychoanalyse gibt, dann muß sie auch die kulturellen und sozialen Sackgassen erhellen, in denen wir miteinander streiten – vorausgesetzt, wir streiten uns noch.

Es liegt auf der Hand, daß bestimmte neurotische Blockierungen nicht »face to face« mit dem Analytiker aufgehoben werden können, solange dieser bestimmte Sachverhalte verkennt, die ihre Wurzel außerhalb der analytischen Situation haben. Die Psychoanalytiker behaupten zwar, daß sie an Neurosen herankommen; aber gerade dort, wo die Neurosen ihre schlimmste Gestalt annehmen, werden sie links liegengelassen, und zwar deshalb, weil sie dem Analytiker nicht im Sprechzimmer begegnen. In den mobilen Kettengliedern der Gesellschaft gibt es interpretative Elemente, die es zu erfassen gilt. Es ist zum Beispiel wichtig, sich daran zu erinnern, daß in der letzten Zeit eine enorme *Spaltung* in der kommunistischen Welt entstanden ist, und alle Bedeutungsstrukturen unserer Wirklichkeit sind davon betroffen: Da ist die Paranoia der

Chinesen, die Paraphrenie der Albanier, die Perversion der Revisionisten etc. Es gibt eine ganze Menge Leute in der Gesellschaft, denen das etwas ausmacht ... Wenn der Analytiker für alle Dinge dieser Ordnung blind ist, wenn er behauptet, sie gehörten nicht in das Feld der Analyse, dann kann er unmöglich Zugang zu bestimmten Problemen finden – gemeint sind hier nicht nur politische Probleme, sondern auch die unbewußte Axiomatik, die den in der realen Gesellschaft lebenden Menschen gemeinsam ist.

Der Wahnsinn zwingt uns dazu, zu den grundlegenden metaphysischen und ethischen Fragen Stellung zu nehmen: Wie steht es um das Schicksal des Menschen? Welches Menschen – eines realen Menschen, dessen Referenzmythen nicht notwendigerweise mit denen der herrschenden Theologie übereinstimmen? So gibt es Knoten von Problemen, die von der analytischen Forschung geächtet wurden und die unbedingt wieder wahrgenommen werden müssen ... Vorhin sagte jemand, man müsse das Subjekt wieder an seinen Platz bringen. Daraufhin wurde wiederholt: Der Platz des Subjekts ist ein Loch ... Gewiß; aber ein Loch ist doch nichts anderes als das Nichts vom Übrigen, und das Übrige ist das, was zählt! Der verstörte Schizophrene, der sich auf die Reise macht, hat keine Möglichkeit mehr, sich festzumachen, keine andere Möglichkeit, sich zu artikulieren, als durch die Phantasie. Das Problem besteht nun darin, ihm *künstlich* ein paar Löcher zu graben, damit er sich irgendwo festhalten kann. Die Zuflucht zum absolut Anderen müßte im Prinzip erlauben, die Verbindung zur Grundlage aller Werte aufrechtzuerhalten. Aber was ist dieses absolut Andere? Ein Steinmonument, die Statue des Kommandeurs oder aber etwas, das nicht aus einem Stück besteht, etwas, das strukturiert ist *wie* eine Sprache – das heißt: »auf die gleiche Art wie«, nichts mehr und nichts weniger –, etwas, das der Gerichtsbarkeit eines schöpferischen Gottes untersteht, der sich selbst noch nicht erschaffen hat oder der sich gleich nach seiner Erschaffung wieder verliert?

1962-1963

Anmerkungen:

* Auszüge aus Diskussionsbeiträgen bei der GTPSI.

1 Diese Klubs sind der Féderation des Croix-Marines angeschlossen.

2 Bemerkenswerte Erfolge bei der Ausbildung von psychiatrischen Pflegern wurden im Rahmen des »Centre d'entrainement aux méthodes actives« erzielt. Siehe dazu auch die Zeitschrift *Vie sociale et traitement.*

3 Unter Bezugnahme auf einen Aufsatz von J. Schotte, *Le Transfert dit fondamental de Freud pour poser le problème: psychanalyse et institution,* in: *Revue de psychothérapie institutionelle,* Nr. 1.

4 W. Reich, *Die Massenpsychologie des Faschismus,* Köln/Berlin 1971, S. 58.

Die Übertragung*

Mit Recht hat Schotte der Beschaffenheit der signifikanten Vorgänge große Bedeutung beigemessen, die eine Identifkation der Übertragungs-Phänomene mit denen des Sprechens und der Sprache erlauben. Das müßte uns helfen, das Problem der Übertragung außerhalb des begrenzten Feldes der psychoanalytischen Erfahrung zu klären; ich meine die Übertragung in der Gruppe, die institutionelle Übertragung. Insofern man annehmen kann, daß auch die Gruppe »strukturiert ist wie eine Sprache« – um eine Formulierung von Lacan über das Unbewußte zu gebrauchen –, ist auch die Frage berechtigt, wie sie spricht, und zunächst, ob es legitim ist, davon auszugehen, daß sie Zugang zum gesprochenen Wort hat. Kann eine Gruppe Subjekt ihrer Aussage sein oder nicht? Bewußt oder unbewußt? Mit wem spricht sie? Ist eine unterworfene Gruppe, die dem Diskurs der anderen Gruppen entfremdet ist, dazu verdammt, in dem Unsinn ihres eigenen Diskurses gefangen zu bleiben? Gibt es einen Ausweg, der es ihr, wenn auch nur partiell, ermöglicht, eine gewisse Distanz zu ihren eigenen Ausdrücken zu gewinnen, so daß man sagen könnte, daß sie in einem Kontext der Unterwerfung zugleich Subjekt und Objekt ist?

Unter welchen Bedingungen ist zu erwarten, daß aus einem Feld des leeren Sprechens ein volles Sprechen hervorgeht – in Anlehnung an andere Formulierungen von Lacan? Kann man zum Beispiel guten Glaubens und ohne sich selbst zu verraten annehmen, daß sich in derart entfremdeten Situationen wie etwa in einem psychiatrischen Krankenhaus, einer Schule etc. »doch noch etwas machen läßt«? Oder soll man die Flinte ins Korn werfen, die Politik des »Je schlimmer, desto besser« betreiben und die soziale Revolution zur absoluten Voraussetzung für jede Intervention der »Benutzer« in den jeweiligen Funktionszusammenhang der Institutionen machen?

Unterhalten die Gruppe und ihr Unsinn nicht einen produktiven, geheimen Dialog im Sinne einer potentiellen Andersartigkeit? Kann die Gruppe nicht gerade aufgrund ihrer Ohnmacht Träger einer unbewußten Forderung nach etwas Neuem sein, und sei es nur ein gemeinsames Gespräch über diese Ohnmacht: »Was denkt ihr denn über alles, was hier so passiert? Wozu dient das überhaupt? Was hat man da zu suchen?« Es wäre also falsch, zu glauben, daß sich unterworfene Gruppen und Subjektgruppen gegenseitig ausschließen. Eine ehemals revolutionäre Partei, die sich jetzt mehr oder weniger der bestehenden Ordnung gebeugt hat, kann in den Augen der Massen immer noch den leergelassenen Platz des historischen Subjekts einnehmen und unter Umständen sogar ohne eigenes Zutun zum Subjekt der Aussage eines revolutionären Kampfs werden, zum »Sprachrohr« eines Diskurses, der nicht der ihre ist, und auf die Gefahr hin, diesen zu verraten, sobald die Evolution der Kräfteverhältnisse ihr eine »Rückkehr zur Normalität« gestattet. Auf diese Weise bewahrt eine solche Partei, obgleich den sozioökonomischen Determinanten vollständig unterworfen, fast unfreiwillig die Fähigkeit zum subjektiven Einschnitt, eine Fähigkeit, die durch eine Veränderung des Kontextes freigesetzt werden kann. Es geht uns deshalb nicht darum, die Phänomene der Gruppenentfremdung und deren Aufhebung als »Dinge an sich« zu betrachten; vielmehr wollen wir uns mit verschiedenen Fassungen desselben institutionellen Objektes beschäftigen, die sich, je nach den situationellen Kontexten, unterschiedlich äußern und entwickeln.

Auf der Ebene der Unterwerfung der Gruppe sind diejenigen Phänomene zu dechiffrieren, die darauf drängen, die Gruppe auf sich selbst zurückzuwerfen – die Leaderships, die Identifikationen, die Suggestionseffekte, die Zurückweisungen, die Sündenböcke etc., alles, was darauf drängt, ein lokales Gesetz und idiosynkratische Bildungen mit ihren Verboten, ihren Riten etc. nach vorn zu schieben, alles, was darauf drängt, die Gruppe zu beschützen, sie gegen signifikante Stürme abzuschirmen, gegen eine Gefahr, die aufgrund einer spezifischen Verkennung als von außen kommend empfunden wird, nämlich aufgrund der Produktion von Scheinfenstern, von Gruppenphantasien. In derartigen Gruppen steht man im ständigen Kampf gegen das Eindringen des Unsinns: Die verschiedenen Rollen sind verdinglicht, phallisch »nach Art des Hauses« oder nach Art des Ausschlusses. Man trifft sich in der Gruppe zum kollektiven Kampf gegen das Nichts. Man baut sich eine Gewerkschaft für gegenseitige Verteidigung, eine Lobby gegen die Einsamkeit, gegen alles, was unter den Index der Transzendenz fallen könnte.

Auf der anderen Ebene, der der Subjektgruppe, verfügt man nicht über die gleichen Mittel der Sicherheit. Es besteht die Gefahr, von Problemen, Spannungen, inneren Konflikten und Spaltungsrisiken überschwemmt zu werden, und zwar eben wegen der Offenheit der Gruppe gegenüber anderen Gruppen. Der Dialog, die Intervention in andere Gruppen, ist ein von der Subjektgruppe akzeptiertes Ziel, das sie zwingt, ihre Endlichkeit relativ offen wahrzunehmen, das ihr den Horizont ihres eigenen Todes malt, das heißt: ihres eigenen Zerspringens. Die Bestimmung der Subjektgruppe, das Wort zu ergreifen, kann leicht den Status und die Sicherheit der Gruppenmitglieder kompromittieren; so entsteht eine Art Schwindel, der spezifische Wahn der Subjektgruppe. Eine paranoische Verklammerung überlagert die Bestimmung zum Subjektsein: Die Gruppe will um jeden Preis Subjekt sein, sogar an Stelle der anderen, und so fällt sie in die schlimmste Entfremdung zurück, die Quelle aller Zwangs- und Todesmechanismen, die wir von den kleinen religiösen, literarischen oder revolutionären Sekten kennen.

Welche Faktoren könnten eine Gruppe zwischen diesen verschiedenen Fassungen der Entfremdung im Gleichgewicht halten: der externen Entfremdung der unterworfenen Gruppe und der internen Entfremdung auf der Wahnsinnsjagd nach einer Subjektgruppe?

Unsere Krankenhauspraxis kann ein wenig Licht in diese Frage bringen. Ganz offensichtlich hängt die Integration eines Kranken, seine »Sozialisation«, nicht allein vom guten Willen des Therapeuten ab. In einer Institution stoßen manche Kranke bei ihren Versuchen, sich in eine Gruppe oder Aktivität zu integrieren, auf Toleranzgrenzen, auf absolute, unüberwindbare Schwellen und Schranken. Dieser Mechanismus ist dem ähnlich, der in primitiven Gesellschaften einsetzt, wenn jemand mittels Initiationsriten in eine neue Altersgruppe aufgenommen wird. Wieso akzeptiert eine Person, von der Gruppe gezeichnet zu werden? Zugespitzt lauten die Alternativen, daß entweder die Gruppe zerbricht oder die Person. Nun ist aber gerade in den Gruppen, die ihre Symptome nicht rituell kultivieren – den Subjektgruppen –, das Risiko einer Konfrontation mit dem Unsinn sehr viel höher, was allerdings auch positiv gewendet werden kann: Es bestehen hier auch größere Chancen, die symptomatischen individuellen Sackgassen zu durchbrechen.

Solange die Gruppe Objekt von anderen Gruppen bleibt, bezieht sie den Unsinn, den Tod, von außen; sie kann immer darauf spekulieren, sich in ihre Verkennungsstrukturen zurückzuziehen. Sobald jedoch die Gruppe Subjekt ihres eigenen Schicksals wird, sobald sie ihre Endlichkeit, ihren eigenen Tod auf sich nimmt, verändern sich auch die Bedingungen für den Aufbau des Über-Ich; entsprechend kann sich die für eine bestimmte soziale Ordnung spezifische Schwelle des Kastrationskomplexes verändern. Man ist nicht in der Gruppe, um sich vor dem Wunsch oder dem Tod zu verstecken, nicht, um sich in einen kollektiven Prozeß der Besessenheit zu begeben, sondern wegen eines besonderen Problems; nicht für die Ewigkeit, sondern vorübergehend: genau das habe ich als Struktur der *Transversalität* bezeichnet.

Schotte hat großen Wert auf die Feststellung gelegt, daß es in der Übertragung fast nie eine wirklich duale Beziehung gibt; das ist außerordentlich wichtig. Die Mutter-Kind-Beziehung zum Beispiel ist keine duale Beziehung, gleichgültig, auf welcher Ebene man sie betrachtet. Sobald man sie in eine reale Situation stellt, ist sie mindestens triangulär; sie hat immer ein mediatisierendes Objekt, das als doppelsinniger Träger dient. Damit es so etwas wie Verschiebung, Übertragung, Sprache überhaupt geben kann, muß etwas da sein, das abgeschnitten, abgelöst werden kann. Lacan hat dieser für die Fragen der Übertragung und Gegenübertragung entscheidenden Dimension des Objekts allergrößte Bedeutung beigemessen. Auf der Ebene der Übertragung verschiebt man sich nur unter der Bedingung, daß es *etwas* zu verschieben gibt – etwas, das weder das Subjekt noch der andere ist. Keine intersubjektive Beziehung, ob dual oder nicht, reicht aus, um ein System des Ausdrucks zu begründen, das heißt: einen Status der Veränderbarkeit. Das »face to face« mit dem anderen erklärt noch nicht die Öffnung gegenüber dem anderen, begründet nicht den Zugang zu seinem Verständnis. Der Grundstein z. B. der Metapher ist etwas außerhalb des Subjekts, etwas, das an das

Subjekt angrenzt, etwas, das Lacan unter dem Ausdruck Objekt »a« beschrieben hat.

Aber was ist das, dieses »a«? Man sollte möglichst keinen universellen linguistischen Schlüssel daraus machen, keine Experimente auf die ganz neue Art; ich meine diese perverse Anwendung der Etymologie, die vor allem seit Heidegger in Mode kam, diese imaginären Retrospektiven, die mit der wirklichen Arbeit Freuds über das Signifikante überhaupt nichts zu tun haben. Ich habe nicht gerade den Eindruck, daß sie Träger einer besonderen Botschaft des Unbewußten sind. Alles, was Freud zu Recht oder zu Unrecht von den Mythologien benutzt hat, um seine Konzepte zu übersetzen, darf meiner Ansicht nach nicht »bildlich« verstanden werden. Der Schlüssel zur Interpretation ist das »Buchstäbliche« in all seiner *Künstlichkeit;* man könnte sogar sagen, es ist der Kode. Das wird klar in einem Buch wie *Der Witz und seine Beziehung zum Unbewußten;* dort wird deutlich, daß in einem »Witz« die unbewußten signifikanten Ketten keine besonderen Beziehungen zu den Gesetzen der Etymologie unterhalten, daß man sich gleichermaßen auf ein Phänomen, eine Betonung, ein syntaktisches Spiel oder eine semantische Verschiebung berufen kann. Es ist kein Zufall, wenn das, was von Freud verdinglicht und von seinen Nachfolgern quasi vergöttert wurde, genau die mythischen Referenzen sind, die ihm am Anfang fast zufällig als geeignete Mittel einfielen, um die Dramen und Blockierungen der Familie zu verdeutlichen. Aber man sollte keinen Mythos des Mythos produzieren! Die antiken Bezugsmythen, beispielsweise über das Ödipus-Thema, haben weder etwas mit den imaginären Bereichen und symbolischen Gliederungen der heutigen Kleinfamilie zu tun, noch mit unserem sozialen Koordinatensystem.

Es ist eine Illusion, daß man aus der Ordnung des Seins, aus einer verlorenen Welt, etwas herauslesen könnte; eine Illusion, zu glauben, daß der Aufstieg zu einem mythischen Sein, jenseits der Geschichte zu einer psychoanalytischen oder mäeutischen Propädeutik unternommen werden könnte. Die Berufung auf derlei mytholinguistische Reduktionen hat für den realen Verlauf einer psychotherapeutischen Kur oder die Einrichtung eines therapeutischen Klubs überhaupt keinen Wert, es sei denn, man begnügt sich mit einem x-beliebigen

System der Wahrsagerei. Wichtig ist, die besondere Botschaft und das Objekt zu erreichen, das Träger und Urheber dieser Botschaft ist. Ein solches Objekt kann seinen Sinn nicht aus einem retrospektiven Illusionismus beziehen; die Besonderheit der Freudschen Botschaft ist nur dann zu begreifen, wenn man sie ablöst, wenn man sie von dieser Leidenschaft entwöhnt, zu den Quellen zurückzukehren, von diesem modernen Mythos, der seine Ergüßlichkeit aus der Romantik gelernt hat: die endlose Suche nach einer unmöglichen Wahrheit, nach einem Jenseits der Dinge, im Schoß der Natur und im Herzen der Nacht . . .

Als Heilmittel gilt die Reorientierung an der Geschichte, im Sinne der diachronischen Zerschneidung des Realen und seiner provisorischen und partiellen Totalisierung. Ich nenne derlei Versuche ein Herumbasteln an der Geschichte und an den sozialen Einrichtungen. Eine solche Umklassifizierung ist unmöglich, wenn nicht vorher die Frage gestellt wird: Wo ist das Gesetz? Ist es hinter uns, hinter der Geschichte, jenseits unserer realen Situation und damit auch jenseits unseres Fassungsvermögens? Oder liegt es in greifbarer Nähe vor uns? Man muß die Natur zwingen, so weit zu gehen wie unser Geist, wie Bachelard sagt.[1] Wer wird diese Frage stellen? Sicher nicht die Gruppierungen und Gesellschaften, die ihr Dasein mit ahistorischen Legitimitätssystemen politischen oder religiösen Zuschnitts begründen. Das schaffen nur Gruppen, die von vornherein den unsicheren und transitorischen Charakter ihrer Existenz akzeptieren, die die Konfrontation mit den historischen und situationsgebundenen Möglichkeiten riskieren, die sich weigern, die bestehende Ordnung mystisch zu begründen und zu rechtfertigen.

Heutzutage ist ein Psychoanalytiker schon zufrieden, wenn der Analysand seine archaischen Fixierungen aufgibt, wenn es ihm – beispielsweise – gelingt, zu heiraten, Kinder zu kriegen, sich mit seiner biologischen Ausstattung zu versöhnen und sich der Gesellschaft, so wie sie ist, einzupassen. Wie auch die analytische Richtung aussehen mag, die Berufung auf ein prädeterminiertes Modell der Normalität ist immer darin enthalten. Gewiß, im Prinzip erwartet der Analytiker nicht, daß diese Normalisierung schlicht das Produkt einer Identifikation des Analysanden mit dem Analytiker wäre; dennoch arbeitet er (und wäre es nur wegen der Kontinuität der Kur, was häufig bedeutet: wegen der weiteren Zahlungsfähigkeit des Analysanden) an einer Identifikation des Analysanden mit einer menschlichen Gestalt, die im Einverständnis lebt mit den bestehenden sozialen Gesetzen und ihrer Markierung durch das Räderwerk der Produktion und der Institutionen. In der zeitgenössischen Gesellschaft findet der Analytiker dieses Modell nicht vor; seine Arbeit besteht gerade darin, ein neues herzustellen, wo seinem Patienten eines fehlt; übrigens verfügt die moderne bürgerliche und kapitalistische Gesellschaft ganz allgemein nicht mehr über ein befriedigendes Modell. Um diese Lücke zu füllen, macht der Psychoanalytiker Anleihen bei den Mythen früherer Gesellschaften und bietet uns dann ein Triebmodell an, einen zugleich neuen und zusammengesetzten Typ von Subjektivität und Familienbeziehungen, einen Synkretimus aus archaischen und hochmodernen Elementen. Wichtig für die herrschende soziale Ordnung ist allein die Tatsache, daß das Modell in der gegenwärtigen Gesellschaft funktioniert. Das ist der Sinn der geforderten Aussöhnung mit dem Kastrationskomplex – eine Art Initiationsersatz der modernen Gesellschaft – als möglicher Ausweg aus den ödipalen Sackgassen. Das ist auch der Sinn des Erfolgs und der Rentabilität der Psychoanalyse.

Für uns sieht die Frage ganz anders aus: Wir wollen wissen, ob es Möglichkeiten gibt, sich diese Zuflucht zu entfremdenden Modellen zu sparen, ob es möglich ist, die Gesetze der Subjektivität anderswo festzumachen als im sozialen Zwang und in den mystifizierenden Schleichwegen ihrer zusammengesetzten mythischen Referenzen. Ist es möglich, daß der Mensch sein eigenes Gesetz stiftet?

Versuchen wir noch einmal, bestimmte Konzepte klarzustellen. Wenn es einen Gott gibt, der als Totalisator aller Werte fungiert, bleiben alle metaphorischen Ausdruckssysteme durch eine Art phantasmatische Nabelschnur an die unterworfene Gruppe angeschlossen, die sie mit dem System göttlicher Totalisierung rückkoppelt. Um hier auf keinen Fall in ein idealistisches Votum zurückzufallen, wollen wir diese Formulierung auf die Spitze treiben und von dem Gedanken ausgehen, daß ein solches System der Totalisierung auch nicht im Bereich des »menschlichen Stammbaums« zu suchen ist, in der

Fortpflanzung von Sperma zu Sperma. Sicher gibt es auch hier einen *Träger* der Fortpflanzung, aber er konstituiert deshalb noch lange keine wirkliche Botschaft. Spermatozoen sprechen nicht! Ihnen entgeht der Sinn aller Ordnungen, von denen wir behaupten, sie seien »strukturiert wie eine Sprache«. Die Ordnung der menschlichen Werte als Referenzsystem kommt nur um Haaresbreite an die göttlichen Systeme heran. Was überträgt sich von der schwangeren Frau auf ihr Kind? Vieles, Nahrung, Antikörper, aber vielleicht auch, und vielleicht sogar vor allem, die fundamentalen Modelle der Industriegesellschaft. Noch lange kein gesprochenes Wort, aber schon eine Botschaft, die Botschaft der Industriegesellschaft, eine besondere Botschaft, die je nach der eigenen Einstellung zu dieser Angelegenheit differiert. Man ist also schon im Bereich des Signifikanten, aber noch nicht in dem des gesprochenen Wortes oder der Sprache. Die vermittelte Botschaft hat nicht viel mit den strukturellen Gesetzen der Linguistik oder der Etymologie zu tun, aber um so mehr mit den eigenartigen heteroklitischen Erzeugnissen des »menschlichen Stammbaums«. All das, was sich auf den Menschen in seinem Verhältnis zum primitivsten Verlangen bezieht, ist sehr wohl vom Signifikanten markiert, wenn auch nicht notwendigerweise von einem Signifikanten mehr oder weniger universellen linguistischen Wesens.

Alles, was sich hier im Sprechen versucht, auf einem Niveau, das nicht das des Sprechens ist, alles, was Übertragung, Übermittlung, Austausch ist, läßt sich als etwas charakterisieren, das abgeschnitten werden kann, als etwas, das dieses Artikulationsspiel der Signifikanten erlaubt. Wenn die Objekte der Übermittlung, die Gesten und Blicke, die Ernährung eines Kindes ermöglichen, heißt das, daß sie auf allen Ebenen von dem System der signifikanten Ketten markiert und bestimmt sind. Welches Tauschgesetz gilt auf diesem Niveau? Um diese Frage kommt man nicht herum. Jedes Spiel hat sein Risiko. Hier herrscht eine tiefe Unsicherheit in der Tauschstruktur, insofern dieser Signifikant, der sich nicht als Sprache »kristallisiert« hat, die eigentliche Grundlage der Gesellschaft ist und in letzter Konsequenz auch die Grundlage der Gesetze aller signifikanten Systeme, einschließlich der Linguistik.

Wenn das gesprochene Wort in der tierischen Ordnung

nicht existiert, so deshalb, weil die Übermittlungs- und Totalisationssysteme dieser Ordnung bisher nicht darauf angewiesen waren, was man von denen der Menschen nicht behaupten kann. Die Beziehungen über das Sprechen, das Bild und die Übertragung hängen beim Menschen mit einem fundamentalen Mangel zusammen – Lacan spricht von einem »Aufspringen des Organismus«[2] –, der ihn im übrigen zwingt, auf Formen der sozialen Arbeitsteilung zurückzugreifen, um zu überleben. Morgen wird dieses Überleben von der Problemlösungsfähigkeit der kybernetischen Maschinen abhängen. Es wird unmöglich sein, der Aggression eines neuen Virus ohne die zunehmend perfektionierte Intervention von Kalkulationsmaschinen zu begegnen.

Ich erinnere an diesen Mythos der Maschine, um die Absurdität der Situation herauszukehren. Ist die fragliche Kalkulationsmaschine Gott? Oder hat Gott selbst seine sukzessiven Versionen vorhergeplant, so daß die Antworten auf alle mehr oder weniger kontingenten Probleme schon vorgegeben sind, wie z. B. die Antwort auf unveröffentlichte strategische Kalküle eines neuen kalten Krieges? Kann dieser Mythos die Sackgassen der heutigen Gesellschaft nicht besser illustrieren als die modrige Berufung auf die gewohnten Bilder des Familialismus, des Regionalismus und des Nationalismus, die zudem den Nachteil haben, die Formen sozialer Neurosen selbst in dem Maße zu verstärken, in dem sie ihrem Objekt weniger entsprechen? Allem Anschein nach kann sich die traditionelle Bilderfabrik in ihrer Funktion der Unterwerfung nur unter der Bedingung erhalten, daß sie unaufhörlich ihre Arbeit der Verkennung, der Zivilisationsneurose entfaltet, daß sie das Subjekt mehr und mehr der Gefahr aussetzt, zwangshaft zu ausgelaugten Formen des Verlangens Zuflucht zu nehmen – zu einem blinden Verlangen ohne Objekt, gerichtet an einen Gott, der dumm und böse geworden ist.

1964

Anmerkungen:

* Exposé für die GTPSI.
1 G. Bachelard, *Philosophie du non*, S. 36.
2 Jacques Lacan, *Schriften I*, Olten und Freiburg im Breisgau 1973, S. 66.

Monographie über R. A.*

Nach verschiedenen vergeblichen Versuchen, R. A. direkt in das ergosozialtherapeutische System der Klinik zu integrieren, kamen Dr. Oury und ich zu dem Schluß, daß es unerläßlich sei, auf eine spezielle psychotherapeutische Technik zurückzugreifen, um diesem Kranken die Wiederherstellung des Kontakts mit der Wirklichkeit zu ermöglichen. Es handelt sich um einen Versuch, den wir erst vor kurzer Zeit begonnen haben und dessen Bedeutung wir noch nicht genau abschätzen können. Wir haben damit angefangen, nachdem R. A. weggelaufen war – eine Flucht, die, wie mir heute scheint, eine andere »nachspielte«, die er im Alter von 15 Jahren unternommen hat und die man als Ausgangspunkt für die psychotische Vertiefung seiner Krankheit ansehen kann.

Bis zu dieser Zeit war mein Verhältnis zu R. A. gut, aber nicht spürbar anders, als es zwischen einem Mitglied des Personals und der Gesamtheit der Kranken sein sollte. Um ehrlich zu sein: Die Einstellung von R. A. zeigte, daß er sich von allen ein wenig »geschnitten« fühlte: systematische Opposition gegen alles, was in der Klinik passiert (in den Eßraum herunterzukommen, an den Versammlungen und gemeinsamen Abendveranstaltungen teilzunehmen etc.), mit stereotypen Einwürfen, die immer mehr oder weniger aggressiv waren (z. B. »Wie?«, »He?«, »Ich höre überhaupt nichts«, »Ich fühle nichts«, »Ich will nicht«, »Ich bin tot«, »Hier hat man mich dazu gemacht« etc.), unterbrach er regelmäßig, wenn man ihm etwas sagte. Die meiste Zeit lag er auf seinem Bett und erstarrte völlig, wenn jemand zu ihm kam. Nur durch Drängen und Zwang brachte man ihn bisweilen dazu, etwas zu tun. Mein Verhältnis zu ihm veränderte sich zu der Zeit, da ich mich um ihn zu kümmern begann, weil der Zufall und auch die Ferienzeit mehrere junge Leute mit Charakterstörungen in der Klinik zusammengeführt hatten, die ihn »adoptierten« und ihn in eine ganze Reihe von Aktivitäten einbezogen, die er uns gegenüber immer abgelehnt hatte. Man sah ihn nun Volleyball, Ping-Pong, Dame oder Schach spielen, baden gehen, man sah ihn in der Malwerkstatt, im Schreibmaschinenraum, bei den Dreharbeiten zu einem Amateurfilm, er arbeitete mit einer Gruppe von Marionettenspielern und wirkte sogar bei einer mehr oder weniger improvisierten kleinen Theateraufführung mit, in der man für ihn allerdings nur die Rolle eines Scheinstummen hatte finden können.

Während dieser Zeit zeigten uns die Flucht, von der ich eben sprach, und der nachfolgende Rückfall, daß diese Art von Beschäftigung zumindest für ihn ein ziemlich instabiles und künstliches Moment hatte. Da ich all seine Aktivitäten aus der Nähe verfolgt und außerdem das Glück gehabt hatte, ihn nach seiner Flucht selbst im Wald zu finden und ihn zurückzubringen, war es für mich – nicht zuletzt aufgrund einer gewissen Sympathie – relativ leicht, ihn dazu zu bringen, die Perspektive eines Dialogs zu akzeptieren. Es war von Anfang an sehr wichtig, in unserer Beziehung jede »Übertragung« zu vermeiden – erstens, weil drei Jahre zuvor einige psychotherapeutische Sitzungen abgebrochen worden waren – übrigens aus äußeren Gründen –, was ihn in ein ärgerliches Dilemma gebracht hatte, und zweitens wegen der Struktur der Klinik, die von jedem Mitglied des Personals notwendigerweise ein abwechselnd »betreuendes«, »autoritäres«, »freundschaftliches« etc. Auftreten verlangt, so daß eine psychoanalytische Übertragung der Tatsache kaum standhalten könnte, daß der Analytiker nach dem Ende der Sitzung eine völlig andere Haltung gegenüber dem Patienten einnehmen muß.

Deshalb beschlossen Dr. Oury und ich, bei meinen Gesprächen mit R. A. ein Tonband einzusetzen. Ostentativ drückte ich immer dann auf den Knopf, wenn ich meinte, unser Dialog führe in eine Sackgasse oder, sagen wir, wenn mich etwas »störte«. Es war, als wäre ein Dritter im Raum. Die *two bodies psychology* und die entsprechenden imaginären Möglichkeiten fielen weg; es kam zu einer Art Objektivierung der Situation, meist mit dem Effekt, den Dialog abzulenken oder gar zu blockieren. Tatsächlich konnte R. A. erst einige Monate später und im Zusammenhang mit einer ganz anderen Methode akzeptieren, mit jemand anderem außer mir zu reden und namentlich einen Text zu schreiben, den »jeder lesen darf«. Es kommt nicht in Frage, uns bei dem Inhalt aufzuhalten. Wir haben das nie gemacht, obwohl die Versuchung manchmal groß war; ödipale Situationen, die sich in wenigen Tagen verknüpften und lösten, lagen sozusagen auf der Hand, vielfältige Übertragungen auf die Umgebung (»Der ist mein Bruder«, »Der ist mein Vater«, »Die ist meine Schwester« etc.) liefen allem Anschein nach auf zunehmend tiefere *Regressionen* hinaus, und zwar insbesondere bei einem Traum, dessen zentrales Bild eine vergiftete Brust war, von der R. A. indessen nicht ausmachen konnte, ob er daran gelutscht hatte oder nicht.

Wir haben unsere Aufmerksamkeit allein auf R. A.'s »symbolische Restrukturierung« gerichtet. Im folgenden sollen zusammenfassend die verschiedenen Etappen dargestellt werden.

Wiedererkennen der Stimme und des »Körperschemas«

In den ersten Sitzungen, in denen wir die Bänder abhörten (die wir am nächsten Tag gemeinsam löschten), wurde R. A. häufig wütend. Die Opposition gegen alle und alles, diese »Wie?«, »He?« etc. wandte er gegen sich selbst. Die aufgenommene Stimme, der schleppende Ton, das Zögern, die Brüche, die unaufhörlichen Inkohärenzen regten ihn auf, und er machte mich zum Zeugen, daß er wirklich, so wie er redete, »unter jedes Niveau« gegangen sei. Von da an fiel es mir leicht, ihm klarzumachen, daß es absurd war, Dr. Oury, die Elektroschocks etc. für seine Krankheit verantwortlich zu machen, daß er in Wirklichkeit alles ein wenig durcheinanderbrachte. Nebenbei soll gesagt sein, daß er Gelegenheit hatte, sein Verhalten insgesamt zu sehen, als der Amateurfilm vorgeführt wurde, in dem man ihn bei allen möglichen Aktivitäten beobachten kann, und wo er trotz einer gewissen Langsamkeit insgesamt hervorragend ist. Nach einem kurzen Erstaunen faßte er sich wieder und erklärte, in dem Film könne man doch genau erkennen, »was für ein armes Schwein« er geworden sei, und dann kam wie immer: »Das sind die Elektroschocks«, »Hier bin ich so heruntergekommen«, »Aus meinem Hirn sollte man ein Radio machen« etc.

Erst einige Wochen später erlebte er eine Art »Spiegelstufe«, wo er, in den Spiegel schauend, sein Gesicht abtastete und zu einer Art jubilierender Selbstwahrnehmung zurückfand, wie sie Lacan in seinem Aufsatz *Das Spiegelstadium als Bildner der Ichfunktionen*[1] beschreibt. Das geschah zu der Zeit, als ich ihm half, aus sich herauszugehen und auf die Vortäuschung von Unempfindlichkeit zu verzichten, indem ich ihn so stark kniff, bis er wie ein Kind aufschrie. Aber diese bewußte Wahrnehmung seines Körperschemas bleibt prekär, labil und ist stets mehr oder weniger in Frage gestellt. (In diesem Zusammenhang soll auf zwei Versuche der Selbstkastration hingewiesen werden: eine tiefe Verbrennung durch eine Zigarette und ein Schnitt in die Hand.)

Wiedererkennen der Sprache

Ich bemerkte, daß er seit Jahren praktisch nichts gelesen und nichts geschrieben hatte. Mir scheint, daß es sich dabei – ähnlich wie in den anderen Bereichen – um fehlende Selbstkontrolle, um einen Verlust des »Ich« und entsprechende Verhaltensweisen handelte. Eine dritte Instanz mußte gefunden werden: eine provisorisch außerhalb seiner selbst liegende Kontrolle. Zunächst versuchte ich, ihn laut lesen zu lassen; aber das war unpraktisch, und wie sollte ich ihn daran hindern, sich bei jeder Gelegenheit selbst zu unterbrechen, um zu sagen, »er verstehe überhaupt nichts«, »hier habe seine Krankheit erst angefangen« etc.? Daraufhin schlug ich ihm vor, ein Buch abzuschreiben; zugleich erklärte ich ihm, es käme nicht darauf an, ob er etwas verstehe oder nicht, allein die Abschrift wäre wichtig. In Wirklichkeit war eine Finte dabei, die er aber erst später bemerkte. Das Buch war nicht zufällig ausgesucht worden. Es handelte sich um *Das Schloß* von Kafka. Dr. Oury und ich hatten Ähnlichkeiten zwischen ihm und Kafka festgestellt, und zwar sowohl in psychopathologischer, religiöser Hinsicht als auch in der äußeren Erscheinung, soweit man das nach einer einfachen Photographie beurteilen kann. Auf jeden Fall steht fest, daß er sich an das Buch »klammerte« und jetzt fast mit der Abschrift fertig ist.

Wiedererkennen seiner eigenen Situation

Ich versuchte ihm beizubringen, seine Krankheit kohärenter zu »sprechen«. Nach einer Weile hatte das Tonband unsere Gesprächssituation so konditioniert, daß ich es nicht mehr anzustellen brauchte. Ich verzichtete darauf und notierte statt dessen alles, was mir interessant erschien, in ein Heft. Ich überließ ihm dieses Heft, und schon nach kurzer Zeit war er so weit, daß er an meiner Stelle schrieb. Während der Unterhaltung unterbrach ich ihn und schlug vor: »Das könntest du aufschreiben«; dann wiederholte ich Wort für Wort, was er gerade gesagt hatte (meist war er nicht in der Lage, sich selbst zu erinnern). Grob gesagt spielte ich die Rolle des Tonbandes (oder des Spiegels), aber in einer menschlichen Weise. Diese »Entautomatisierung« korrelierte mit der Tatsache, daß er selbst die Maschine war, die das zwischen uns zirkulierende Sprechen aufnahm.

Wiedererkennen des Anderen

Bis zu diesem Zeitpunkt blieben wir beide in unserem Dialog reziprok parasitär. Der Kreislauf zwischen uns endete in diesem stets mehr oder weniger unkommunizierbaren Heft. Ein erster Versuch, die geschlossene Struktur aufzubrechen, führte schnell zu einem Mißerfolg. R. A. verliebte sich in eine Angestellte des Hauses. Er erlebte das als Opposition gegen mich, und natürlich enthüllte sich ihm die »harte Wirklichkeit« durch eine bittere Bewußtwerdung der Leere seiner eigenen Situation. So wie seine Flucht die auslösende Episode seiner Krankheit wiederholt hatte, so schien diese imaginäre Episode eine alte, gescheiterte Liebesgeschichte aus der gleichen Zeit zu wiederholen. Die ganze Ordnung seines Verhaltens, die sich nach und nach gebildet hatte, brach zusammen. Er blieb einige Tage völlig erstarrt auf seinem Bett liegen, ohne zu essen und ohne ein Wort zu sprechen.

Ich fing wieder bei Null an. Und nach einigen Tagen wurde die Situation wieder »normal«: Er kam wieder zum Essen, arbeitete wieder an der Schreibmaschine etc. Was wir vorher gemacht hatten, hatte eine gewisse Festigkeit bewahrt; was wir seine »symbolische Restrukturierung« nennen, hatte sehr wohl eine gewisse Abwehrfähigkeit gezeigt. Die Episode zeitigte einen erfreulichen Nebenerfolg: Bei dieser Gelegenheit hatte er begonnen, von sich aus zu schreiben, und fast *gegen* mich. Nachdem unsere Beziehung wiederhergestellt war, behielt er diese Initiative bei. Zum Beispiel schrieb er einige Briefe an seine Eltern. Unter Berücksichtigung seiner inzwischen erworbenen »technischen« Fähigkeiten, veranlaßte ich ihn, das dicke Heft, das uns bislang gedient hatte, systematisch mit der Schreibmaschine abzuschreiben. Er veränderte, korrigierte, strich aus, sortierte, schrieb Kommentare und stellte alles um, was wir gemeinsam erarbeitet hatten. Es wurde *sein* Text.

Jetzt schreibt er weiter, Tag für Tag, und bringt mir seine direkt in die Maschine getippten Texte (bisweilen akzeptiere ich, daß er meine Post schreibt). Ich selbst habe meine Einstellung geändert; ich versuche, ihm die Wahrnehmung des Anderen langsam zu erschließen. Ich gebe den Ärzten und Freunden, die uns besuchen, seine Texte zu lesen. Er diskutiert mit ihnen darüber. Bis dahin hatte er sich vor anderen zurückgezogen, er sagte, er existiere nicht, er sei »tot«, er sei »wie sein Vater«, man könne »nichts mehr daran ändern« etc. Ich schlug ihm beispielsweise vor knapp einem Monat vor, in meinem Kamin Feuer zu machen; es gelang ihm schließlich, und nicht ohne eine gewisse Befriedigung. Eines Tages fragte ihn jemand, ob er das Geschriebene tatsächlich selbst verfaßt habe, was er unwillig abstritt.

Heute ist die Situation anders: Er geht ganz in seinem Text auf, und er selbst hat damit angefangen. Er hat eine symbolische Persönlichkeit erworben, zu der er steht, die den Sinn seiner Krankheit verändert und die er nicht mehr mit dem Gefühl einer quasi magischen Zugehörigkeit zu seiner Familie erlebt, in der seiner Ansicht nach »alle krank sind«. Er ist nicht mehr genauso »wie sein Vater« – ein Zwang, gegen den er ständig vergeblich gekämpft hatte. Die Lektüre seines Textes erweckt tatsächlich den Eindruck, daß er ein besseres phänomenologisches Verständnis des »Wesens« seiner Krankheit gewonnen hat und daß dies ein gutes Mittel ist, Wege zu finden, auf denen er weiterkommen wird.

1956

Anmerkungen:

* Bericht über eine Psychotherapie für eine medizinische Kontrolle.
1 Lacan, *Schriften I*, Olten/Freiburg im Breisgau, S. 61-70.

Zusammenbruch eines noch nicht gelebten Lebens. Verlust des »Ich«
Auszüge aus dem Tagebuch von R. A.*

27. September

Was mich am meisten quält, ist das Fehlen all der Gefühle, die ich noch empfinden konnte. Kurz, sie sind gleichzeitig mit meiner Sinneswahrnehmung verschwunden. Kurz, sie sind sogar tot. Ich sage »kurz«, als wäre ich eine lebendige und zugleich tote Dampfmaschine, die von Zeit zu Zeit mit ihrem Dampf leise Töne von sich gibt, ja, die das sogar regelmäßig tut, als wäre sie durch die Töne ihrer Dampfträume ein ganz klein wenig aufgewacht. Dabei bewegt sie sich nicht, sondern sie fährt plötzlich hoch und stößt das Wort »kurz« aus, einen Satz, dann zwei, dann ... Alle meine »kurz«, die noch folgen, haben den gleichen Grund (daran sollte man sich erinnern, wenn man sie liest). Eben ist ein junges Mädchen ins Büro gekommen.
– Stört es dich nicht, wenn ich zwei Sekunden reinkomme? fragt sie.
– Nein, habe ich ihr geantwortet, hatte aber überhaupt nicht verstanden, was sie gesagt hatte.
– Du bist sicher lieber allein, hat sie zu mir gesagt.
  Ich antwortete mit einem scheinbaren Zeichen, das mir wehtat, das heißt, weil ich nicht antworten konnte, wie ... Absolutes Fehlen von Kontakt, von physischem und zugleich geistigem Kontakt.
  Als sie das Zeichen sieht, sagt sie: »Dir ist es egal. Gut, dann laß’ ich dich allein.« Dann ist sie gegangen.
  Heute nachmittag habe ich Volleyball gespielt. Ich sage das, weil ich versuchen will, in die Realität zurückzufinden, aber ich komme nicht an. Eine farblose Wolke, kann die spielen? Egal, was jetzt aus mir herauskommt, es kommt gerade nicht von Herzen. Félix hat mir eben gesagt: »Vertrau mir.« Ich kann nicht. Parasit. Es ist physisches »Zeug«, wenn ich mich in der gegenwärtigen Form erinnere, daß ich mich erinnere, das heißt Dinge, die mich in diesem Augenblick bewegt

haben, Dinge, die unbewußt, sage ich, weil . . . Das hängt mit dem Zustand zusammen, in dem ich bin.

28. September

Hätte mich gern an all die Ideen erinnert, die mir beim Insulin kamen. Ich öffne die Augen, ich sehe M. vor mir . . . Ich hebe mein Ding hoch . . . Ich sehe mir an, in welcher Stellung ich bin, ich hatte das Bein angewinkelt. Besonders der Arm, weil die Schwester mir eine Spritze gegeben hatte. Ich drückte die Watte wieder drauf, ich glaubte, es wäre noch nicht vorbei.

Und dann, als ich das Laken hochhob, sah ich, daß es nicht meine Brust war. Der untere Teil, nur das Geschlecht, hatte ein ganz klein wenig Sinn. Das regte mich auf, weil das tierisch ist. Bevor ich in diesem Zustand war, war das Sexuelle zu stark. Die Sexualität (Masturbation) ist mir ausgesprochen wichtig, weil ich krank und eingeschlossen bin. Ich hätte es aufschreiben müssen, als ich Frau A. geohrfeigt habe. Dieser »mobile Zustand« ist nicht bewußt. Aber der »immobile Zustand«, den hätte man besser beschreiben müssen. Ich sage mir etwas, und dann geht es einfach los . . . Ich lasse mich vollständig gehen, mehr als in der Kindheit. Das war stationärer. Das kochte, aber ich fühlte mehr als jetzt. Der Oberkörper ist weg, der untere Teil bleibt, aber . . .

»Ich werde das Tagebuch nicht mehr verlassen. Hier muß ich mich festhalten, denn nur hier kann ich es.« *(Kafka, 16. Dezember 1910)*

Ursprünglich kommt das aus der Zeit, als ich noch ein Baby war.

Ich bin ein Mistkerl, ich hätte so gern auf glattes Papier geschrieben, in dem keine Knicke sind. Ich war gerade auf der Toilette, schlimmer als verwester Abfall. Ich bin mehr als tot. Ich habe keine Sinne mehr. Ich habe nie Hunger, nie Durst, nie irgendeine Lust, weder physische noch geistige, und ich hänge mehr am Physischen, weil ich alle meine organischen Funktionen verloren habe (Atmung, Verdauung, Gesicht, Gehör etc.), die ich vorher hatte, ein wenig. Wenn ich das alles schreibe, ist mir überhaupt nicht bewußt, was ich schreibe, eher ist es eine Art von stummer Sprache (dabei denke ich an Félix), davon kriege ich Attitüden, das ist alles. Und ich kann nicht glauben, daß ich da rauskomme. Angst habe ich davor, am Daumen zu lutschen und so zu gehen wie als kleines Kind.

30. September

Ich habe keine Lust zu schreiben. Wieder einmal funktioniert mein Organismus nicht. Kein Eindruck. Kein Gefühl. Keine Erregungen. Ich bin ein Idiot, eine verrostete Dampfmaschine. Kein Kontakt mit den anderen. Viel zu zufrieden und sozusagen hochmütig in dem Augenblick, in dem ich schreibe, über das, was ich schreibe. Ich habe vage das Band mit meiner eher schläfrigen Stimme gehört, wirklich die Stimme von einem armen Schwein. Schreib nicht schon wieder von mir selbst. Das erinnert mich daran, wie ich klein war und hin- und herschaukelnd sagte: »Mama, mein Essen.«[1] Ich sagte das mechanisch. Ich habe immer noch nicht verstanden, was Félix zu mir gesagt hat über . . . ich weiß nicht mehr.

11. Oktober

Wenn ich mich zwinge, mit dem Kopf zu verstehen . . . Félix hat mir soeben erklärt, daß ich ein Baby bin. Wenn ich das schreibe, fühle ich mich (wenn ich das so sagen kann) von mir selbst abgeschnitten. Er hat mir gerade gesagt, seit wir miteinander diskutieren, hätte es verschiedene Etappen gegeben. Zuerst das Schweigen (als ich sagte: »Wie?«, das war das gleiche wie: »Mama, mein Essen.«), dann das Sprechen, und dann, wenn dich das glücklich macht, die Sprache. Für meinen Teil wird die Sprache erst in dem Augenblick wahr, wo es mir gelingt, daß ich anfange zu fühlen, was mein Gegenüber mir sagt, wenn ich versuchen kann zu verstehen, was diese Person mir sagt (physischer und geistiger Kontakt zugleich . . . für mich).

Ich erinnere mich, wie ich mit fünfzehn Jahren eine Flucht »hatte«. Am selben Tag, bevor ich diese Flucht hatte, habe ich mit einem Typ geredet, der ein Vélo fuhr (das war in Mitry-le-Neuf, im Bezirk Seine-et-Marne). Als ich fertig war, wenn man das so sagen kann, mit ihm zu reden, bin ich mit dem Vélo losgefahren, nach . . . (ich erinnere mich nicht mehr genau). »Kurz«, ich habe mich bei Sonnenuntergang auf den

Weg gemacht; ich marschierte, wollte ein »boche« sein (ich stampfte mit den Füßen). Dann gab es Leute, die von der Arbeit nach Hause kamen; vielleicht hatte ich Angst vor ihnen, als ich sie sah, aber ich habe sie mir angesehen, ohne sie zu sehen, habe versucht, ihnen Angst einzujagen, indem ich große Augen machte. (Seit diesem Augenblick ist mir diese angebliche Brutalität eigen, deren Wurzeln ich genau erklären müßte.) »Kurz«, ich bin die ganze Nacht gelaufen; um sechs Uhr morgens sah ich einen Haufen Sand; ich habe davon gegessen ... ein bißchen. Dann bin ich weitergelaufen, ich kam in ein Dorf. Ich ging in ein Haus. Ich habe die Dame im Café gefragt ... ich weiß nicht mehr was ... vollkommen im Nebel. Ich schreibe das alles wie ein Baby, ohne mir bewußt zu sein, was ich schreibe und ohne Lust zum Schreiben (kein Parasit?). Es sind nicht einmal Worte, nicht einmal Buchstaben ... Wenn ich doch wenigstens schreiben würde wie ein Baby!

12. Oktober

War ein bißchen nervös, als wir anfingen zu diskutieren. Habe ihm gesagt, daß es an den Elektroschocks liegt, daß ich so bin. Hat mich mehrere Worte sagen lassen. (Beim Schreiben habe ich schon wieder diesen Stolz, der im Grunde dumm ist; ich werde versuchen, das später zu erklären.) Beim Schreiben bin ich ein wenig wie ein Baby, das Lust hat zu sprechen, Babysprache, als könnte nur ich hören, was ich sage (Erklärung des stummen Sprechens). Im Grunde war ich immer so, allein in der Welt ... Ich kann mich nicht genau erinnern. Dann hat Félix mich gebeten, ein Päckchen Zigaretten und Streichhölzer zu holen. Als ich in das kleine Büro zurückkam, rechnete ich damit, daß Félix allein war. Aber nein, eine Überraschung, ein kleiner Stich ins Herz, wenn man so sagen kann: Frau A. saß auf der Fensterbank. Ich mag sie nicht; heute habe ich mich des öfteren gefragt, wie der Doktor sie mögen kann. Es ist blöd, mich darum zu kümmern, ich verstehe sowieso nichts davon, ich existiere gar nicht. Werde ich hysterisch? Das kommt daher, daß ich versucht habe, mich körperlich an jemanden zu hängen, an dem ich mich nicht festhalten kann, weil ich dafür keine »Arme und Beine« habe. Ich denke nicht mehr, ich kann nicht mehr denken. Ich möchte körperlich leben können wollen. MAMA-MEIN-ESSEN. Meine Hysterie ist so ähnlich wie Papas.

13. Oktober

Habe immer noch ein Durcheinander von Worten (wenn man so sagen kann) in meinem Kopf. Habe mit Félix gesprochen. Habe ihm gesagt, daß ich Dr. Oury aus seinem Zimmer kommen sah, als ich zum Essen hinunterging. Er fragte mich (dieser Kugelschreiber erinnert mich an die Zeit in der Schule von Maïmonide, als ich eine Dissertation kopierte und meinen Namen an den Rand schrieb; im Grunde war meine Dissertation nie gut, sie hatte nie einen Sinn für mich; sie wurde mir nie bewußt; [ich] »machte« sie nicht):
– Du bist noch nicht unten?
– Nein, habe ich geantwortet.
– Weißt du, jetzt siehst du besser aus, sagte er.
  Ich sah ihn an und zog eine Grimasse. Er sagte lachend:
– Das gefällt dir nicht. Du magst nicht, daß man dir das sagt. Kam mir vor wie ein anderer.
  Bin schrecklich einsam heute abend. Habe gerade mein Heft weggeräumt und das Licht, vor dem ich mich fürchte, ausgeschaltet, und die weiße Maschine neben dem Tisch, das ganze Zeug ist nämlich aus Draht (Konfusion), »kurz«, ich weiß nicht. Ich fürchte mich jetzt vor allem möglichen. Ich habe Angst vor Elektrizität. Ich fühle mich wieder einsam werden, wie früher, bevor wir miteinander geredet haben. Bin erfüllt von meinem Stolz; nur das bringt ein bißchen Bewegung in mich. Nein, was wirklich mit mir los ist: ich bin introvertiert, weil ich physisch nichts mehr habe. Geistig, ich weiß nicht, was das ist. Ich bin ein Stück Holz, kein großer fester Klotz, nein, nur ein ganz kleiner Splitter, der verschwinden wird, ohne je aufgetaucht zu sein. Vielleicht hat mich dein Weggehen dazu gemacht, aber ich glaube nicht, ich war fast immer so, wie ich mich oben beschrieben habe.
  Dr. Z. kam genau in dem Moment herein, als ich mein Heft und »den« Kugelschreiber wegräumte; er kam näher. Der tote Splitter, der ich bin, hatte den Eindruck, daß er fragen würde, was ich da mache, als hielte man mich für einen Dieb.

Siehst du, Félix, wenn ich das Imperfekt gebrauche, um meinen angeblichen Eindruck zu beschreiben, tue ich das nicht nur, weil ich kein Zeitgefühl habe, sondern ganz einfach und fürchterlich für mich selbst, weil der tote Splitter Angst hatte, sich bewegte, als Z. hereinkam, ohne sich zu bewegen; weil er Z. nicht sah, weil er ihn nicht sehen konnte, weil Z. ihm Angst gemacht hat, gebrauchte er das Imperfekt, um ihn von Z. zu entfernen, von einer Anwesenheit, über die er sich nicht klar war . . . Sofort die Entfernung, die Zeitveränderung (vom Präsens zum Imperfekt), und dann sah der Splitter vor allem einen dicken Klotz, stark, hart und fest, einen »ungenauen Schein« von Z. Genau das machte ihm Angst (zu analysieren). Ich stelle mir das alles vor, weil ich im Grunde nicht in der Wirklichkeit sein kann. Kann ein toter Splitter schreien? »Mein Herz ist nicht rein.« Ich habe immer Angst, Félix, daß du mich fragst, warum ich diesen letzten Satz aufgeschrieben habe. (Angst vor Gefühlen, die ich nicht habe, Angst, die aus der Zeit »Mama, mein Essen« stammt, als Mama und Papa lachten, wenn ich diese Worte plärrte und mich dabei wie ein Verlassener selbst hin- und herschaukelte. Aber im Grunde weiß ich, daß sich ein winziges »Ich« gebildet hätte, wenn Mama wenigstens auf meinen in Wirklichkeit so zaghaften Ruf geantwortet hätte, wenn sie zu mir gekommen wäre und mir wenigstens ein Wort gesagt hätte, anstatt mir sofort das Essen in den Mund zu stopfen. Papa hat nie etwas zu mir gesagt. Um ehrlich zu sein, ich habe nicht das Gefühl, Eltern gehabt zu haben, sondern statt ihrer stumme Nebelwolken.) Richtig, vor zwei Jahren hätte ich das alles nicht erzählt. Vielleicht war ich zerbrechlich, aber nicht so sehr wie jetzt. Das »Ich« existierte trotz allem ein ganz klein wenig, zumindest glaubte ich, daß es existierte. Ich habe überhaupt keine Kontrolle mehr über mich selbst. Ich glaube, daß mich mein exzessives Masturbieren in diesen gegenwärtigen physischen Zustand versetzt hat.

14. Oktober

Es ist sieben Uhr abends. Habe eben den Film *Verbotene Spiele* gesehen. Mußte an vieles denken. Ich bin verloren. Mein Zustand wird sich nie ändern, (ich) kann nicht wollen. Als M. C. starb, dachte ich, auch ich hätte eine Blutstauung im Gehirn, sonst müßte mir doch bewußt sein, was ich nicht einmal (sehe) oder höre. Ich gehe jetzt essen. Habe den Film überhaupt nicht verstanden. Das hat mich fast zum Weinen gebracht. Wann werde ich ein Leben haben, einen Kontakt, ein Licht, ein Erwachen? Wirklich, jetzt bin ich nur ein elender Haufen Scheiße. Mein nebelhafter Stolz ist nicht verschwunden. Aber wann wird alles wiederkommen? Ich glaube nicht, daß es wiederkommt. Habe zu viel masturbiert. Ich schaffe es nicht, mich an dir festzuhalten, Félix, aber nur du kannst das hier für mich tun; denn, siehst du, es ist eine nebelhafte Zuneigung, daß ich versuche, »mich« zu geben, aber nicht einmal das gelingt mir.

Du sagst, wir beide wären nur hier, um ein bißchen zu plaudern, aber ich kann nicht sagen, daß es eine Plauderei ist, wenn ich nämlich akzeptierte, deine Worte zu hören, könnte ich sie nicht hören ... Du hörst sie für mich. Ich bin wie gelähmt. Sag mir, wie ich gesund werden kann. Ich habe nie jemanden geliebt. Ich bin wie gelähmt. Sag mir ... Ich bin immer noch ein toter Splitter. Ich bin nichts, nicht mal ein Haufen Scheiße, denn ein Haufen Scheiße ist eben ein Haufen Scheiße. Wann werde ich die Welt sehen? Wann werde ich in der Welt leben, mit den anderen, meinen Spaß haben, ein Mädchen lieben, einen Freund haben und all das andere, wonach ich dich gefragt oder was ich dir gesagt habe? Mit Recht hast du mir gesagt, daß ich mich sehen muß, und daß ich zufrieden sein muß, mich zu sehen ...

Dr. Oury kam eben in das kleine Büro, um nach einer Kranken zu sehen, die sich hingelegt hatte. Nicht einmal das ist mir bewußt. Ich habe nichts Lebendes an mir. VOR meinem Rückfall fühlte ich immerhin, daß ich einen Kopf hatte und einen Körper; aber im Grunde war das Schutt; jetzt ...

Im Augenblick bin ich sehr schwach. Du sagst, ich versuche, mich irgendwo festzuhalten, aber ich kann nicht einmal das. Stimmt, früher, als ich noch zur Schule ging, glaubte das Nichts zu glauben, unter den anderen Schulkameraden etwas zu sein. Aber es hatte keine Kameraden, sie kamen zu ihm, um mit ihm zu reden, aber nicht umgekehrt. Kein ich, kein Ich. Hänge immer noch ein wenig boshaft an den Luftblasen, die meine Eltern für mich sind. Physisch habe ich alles verloren.

15. Oktober

Abschrift nach dem Erwachen vom Insulin:

So wie ich die Seite geblättert habe, müßte ich auf der anderen Seite der Seite sein (für mich ist es auf der anderen Seite). Es ist kurz nach dem Erwachen vom Insulin. Vor zwei bis drei Minuten wurde ich gespritzt. Bin aufgewacht, wie beim Elektroschock, das heißt, als die Spritze mich weckte, war ich tot, ich fühlte mich tot.

19. Oktober

Insulintraum von der vergifteten Brust. Ich weiß nicht, ob ich daran gelutscht habe. Es hat mit Bernadette zu tun, die ich gesehen habe, ohne sie zu sehen. Mein Bruder, der weiß mit Mädchen umzugehen, für mich ist das das gleiche wie die vergiftete Brust meiner Mutter. Im Grunde gehöre ich viel zu sehr meiner Mutter, die mir nie gehört hat (Nebel). Ich habe nie einen Vater gehabt. Im Hühnerzuchtverein hatte ich ein unangehmes Gefühl: »Als gesagt wurde, die Hühner hängen, war es, als spräche man von mir.« (Muß genau analysiert werden, finde ich.) Vollständige Immobilität (nervliche, körperliche und sensitive). Meiner Ansicht nach kommt das alles durch die vergiftete Brust meiner Mutter, ich bin sicher, davon werde ich nie genesen.

24. Oktober

Félix hat von der mütterlichen Übertragung auf Evelin gesprochen. An Stelle meines Vaters hätte ich meinen verschollenen Bruder haben wollen. Er war sechzehneinhalb Jahre alt, Marcel. Er konnte gut zeichnen. Er war technischer Zeichner. In unserer Familie gab es keine Einheit. Papa und Mama stritten wegen irgendwelcher Kleinigkeiten auf jiddisch.

Ich bin bei Evelin geblieben. Sie sagt mir, ich sei nett. Ich habe sie mit meinen kleinen Babyarmen umarmt. Sie hat mich auf die Wange geküßt. Dann ging sie weg. Ich rief Mama, wie ein Verlassener (die Vorstellung von: »Mama, mein Essen«). Marcel konnte »sich« gut vor dem Spiegel zeichnen.

28. Oktober

Ich fühle mich noch infantiler. Ich fühle mich tot, ungeboren. Ich habe überhaupt keinen Kontakt. Alles ist verschwommen. Ich bin träge. Und so weiter. Ich glaube, da komme ich nicht mehr heraus. Als ich klein war, war ich gut in Orthographie. Ich mache mich selbst dazu . . . vielleicht.

29. Oktober

Ich bin mit Evelin im Büro. Ich sehe nichts mehr. Ich habe kein Hirn mehr. Ich kann nicht mehr laufen. Physisch empfinde ich nichts mehr. Ich atme nicht mehr. Mit fünfzehn Jahren in der Schule von Maïmonide, hat mir Helene einen Stich ins Herz versetzt. Ich müßte mich physisch untersuchen lassen, vor allem das Gehirn. Ich bin verloren. Kein physischer »Touch« (Ich wiederhole das nach dem imaginären Rhythmus von »Mama, mein Essen«, als ich klein war). Ich kann nicht mehr. Habe keine einzige Drüse, die funktioniert. Keinen Organismus. Untersucht mich. Erst hier bin ich tot geworden. Ich bin fast wie mein Vater.

Vorhin habe ich Evelin mit J. gesehen. Ich bin ein wenig eifersüchtig. Vor allem, weil ich nichts machen kann (wie eine Wespe, die im Honig klebt und sich nicht einmal mehr dagegen wehrt).

4. November

Habe nicht gegessen. (BIN) immer noch in diesem schwarzen Loch. Habe überhaupt keinen Kontakt. Ich liebe Evelin sehr. Hast du Arthur gesehen? Vive la France. Ich habe Angst vor euch. Ich habe drei Zeilen gedruckt. Ich sehe nichts. Dr. Oury hat gesagt, man müsse Geduld haben. Versteh ich nicht. Ich habe Schluß gemacht.

Habe immer Schiß, daß man es sieht, wenn ich vom Sex rede. Wegen der Familie, dem Vater, dem Bruder. A.[2] Die Geschlechtsdrüsen. Das ist Einbildung. Kein Kontakt zu Félix. Bei den Juden . . . Was ist los? In der letzten Zeit hänge ich mehr an Félix, als bevor er wegging. War gerade im großen Aufenthaltsraum. Kann die Katholiken jetzt nicht sehen.

Daran ist mein Vater schuld. Unterdrückungsgefühl (wenn man so sagen kann). Eben habe ich Evelin umarmt. Bin wie zu Hause ... Wie meine Mutter ... Immobil und verstrickt. Habe nie Kontakt gehabt. Das ist komisch und schrecklich zugleich. Ich mag J. nicht, obwohl, ich sehe ihn gar nicht ... tue »ungefähr so«, als ob ich ihn sehe.

5. November

Es war in Paris, als Papa einen Revolverschuß auf mich (abgegeben) hat. Ich war mit meinem Bruder Maurice zusammen. Es passierte am Abend. Ich war gerade nach Hause gekommen. Ich hatte den ganzen Tag Zeitungen verkauft. PAPA schrie mich an. Ich hatte Angst, aber ich bewegte mich nicht. Mein kleiner Bruder riet mir, zu verschwinden. Ich sah den Revolver nicht. Ich sah ihn, ohne ihn zu sehen. Es dauerte kaum einige Sekunden. Trotzdem bin ich zu meiner Schwester Rachel und meinem Schwager gelaufen. Aber als ich meinem Vater gegenüberstand, war ich sicher, daß er nicht schießen wollte. Er machte das, weil er fertig war.

14. November

»Es ist das ›kurz‹ meiner Mutter.«
    Als meine Schwester zu Besuch kam, hat mich das überhaupt nicht berührt. Jeanette hat mich in meinem Zimmer abgeholt. Sicher, als ich klein war, ich weiß nicht, ich ... Mein Vater hat mich nicht erzogen. Jetzt kann ich nicht. Es ist nicht der Vater, den ich gebraucht hätte. Warum? Weil ich es nicht schaffe, mich zu kontrollieren. Er hat mich nie erzogen. Immer nur zu fressen gegeben. Die Masturbation hat mich stark beschäftigt, seit ich fünfzehn war. Ich liebe mich selbst zu sehr, weil ich immer noch der »doppelt« imaginären Brust meiner (Mutter) nachlaufe. (Sie) hat mir nicht beigebracht, die Dinge dieser Welt zu sehen. Das wäre nötig gewesen, um meine Schwäche zu überwinden, normale Eltern hätten das gemacht. NEIN. Immer zu fressen geben. Ein echtes Baby, meine Mutter (Mama, mein Essen). Mir war oft schlecht. Mein Vater arbeitete, aber er hat mir nie etwas gesagt über ...

19. November

Habe keine sexuelle Lust mehr. Nicht weil er Schürzenjäger war, kam mein Bruder bei den Mädchen an, sondern weil er ... ungefähr ... normal war. Als ich eines Tages zum Psychoanalytiker ging, war ich genauso, das regte mich auf. Er sagte: »Setz dich.« Er dachte, ich müßte weinen. Ich habe Tränen vergossen, aber ich hatte keine wirkliche Lust zu weinen. »Du brauchst dich nicht zu beherrschen, das wird dich erleichtern.« Nein, das hat mich vielmehr vollständig entleert.

Ich kämpfe, aber ich schaffe es nicht. Ich akzeptiere dieses Leiden nicht, weil es schrecklich ist und, vor allem, weil ich es nicht akzeptieren kann.

20. November

Meine Mutter hat mir nie das Sprechen beigebracht. Ich kann mich überhaupt nicht erinnern, was ich in der Schule und im Gymnasium gelernt habe. Ich habe keinen Körper mehr, keinen Kopf, kein Herz, nichts mehr. Meine Eltern haben mich nicht genug geliebt. Ich war immer verlassen, ich möchte wollen, wollen zu können, daß man sich um mich kümmert. Vielleicht weil Evelin mich gern hat? Oder vielmehr, weil ich wie ein Idiot glaube, daß sie Mitleid mit mir hat. Mein Bruder Jacques ist ganz anders als ich. Ich sagte »Mama, mein Essen« mit schleppender Stimme. Ein anderes Baby schreit aus vollem Halse. Ich nicht.

Habe eben mit Jeannette getanzt; sie hat mich am Arm gezogen. Bin wie ein Stück Holz. Von den Damen lasse ich mich zum Tanzen auffordern, es ist schrecklich. Kein Kontakt. Bin wie mein Vater, wie meine Mutter. Das ärgert mich, diese imaginäre physische Lust ... zu tanzen. Überhaupt keine Kontrolle mehr über mich.

2. Dezember

Das Wichtigste ist das Sprechen. Als ich klein war, konnte ich das nie. Deswegen sehe ich immer alles geschrieben und liebe mich selbst (zu analysieren). Wenn ich sagte: »Mama, mein

Essen« hat man mir nicht geantwortet. Will man mit den Gesprächen versuchen, mich von meinen Eltern zu befreien? Ich kehre ständig zu (meinen) Luftblasen zurück, und nicht einmal das gelingt mir ... Luftzug. Wenn mein Vater auf mich schießen wollte, wollte er im Grunde auf sich selbst schießen. Wir sind uns zu ähnlich.

Wie ich meinem Bruder einen Faustschlag versetzt habe? Das ging ganz automatisch, nicht einmal automatisch, ich wollte meinem Bruder näherkommen, Kontakt zu ihm haben. Meine Faust ging durchs Fenster, für mich war das eine Mauer, keine physische, keine geistige Mauer, nein, die Art Mauer, der ich es zu verdanken habe, daß ich immer windelweich verstrickt war.

Will ich Félix etwas sagen? Aber ... Evelins Anwesenheit oder vielmehr die meiner wirklichen Mutter, der verdorbenen Brust, dieser Mutter, an der ich mich nie festhalten konnte, weil sie mir nie wahre Mutterliebe gab, und deswegen bin ich immer verlassen, das ist der Grund, weshalb ich nicht akzeptieren kann, daß Evelin mir entgegenkommt. Während ich das alles schreibe, versuche ich, blödsinnige Sachen zu empfinden. »Kurz«, allein das Hereinkommen von Evelin hat meinen Willen unterbrochen, von mir zu sprechen. Ich hatte immer Angst vor Frauen, weil ich immer Angst vor meiner realen Mutter hatte, die für mich sehr früh, als ich noch ein Baby war, imaginär wurde wegen des Mangels an Vertrauen in das Leben, das meine Mutter mir nie gegeben hat. Das ist die allererste Mauer, sie hat zur Folge gehabt, daß ich immer eingeschlossen war, ohne es wirklich zu sein. Es war immer, wie wenn ich in Watte schwimme.

Das Geräusch von Félix' Schritten stört mich. (Das kommt sicher von der Bombe ... die ich nicht einmal gehört habe? die mich aber trotzdem während des Kriegs erschüttert hat.) Ich bin ganz in mich versunken. Ich kann das alles schreiben, weil die Pseudoanwesenheit von Evelin und Félix mich schreiben läßt.

3. Dezember

Meine Mutter hat mir nie vertraut. Es war immer physisch. Jetzt, in diesem Augenblick bin ich nicht, wenn ich versuchen will, zu sein ... Was ich sage, ist spontan. Meine Eltern halten mich für einen Haufen schmutziger Wäsche. Ich setze die imaginären Mama und Papa an meine Stelle, denn die realen habe ich nie gesehen (Rhythmus von »Mama, mein Essen«). Ich bin wie mein Vater. Als er mich mit meiner Mutter gezeugt hat, hat er es glaube ich nicht aus Gefühlen getan, sondern aus einer gewissen sexuellen Schwäche heraus.

Es war genauso, als ich eines Abends von zu Hause weggelaufen bin, ich war krank, wie jetzt, weniger physisch?, genauso, als ich mit einer Nutte gegangen bin. Ich sah nicht einmal das Zimmer. Ich wußte nicht, was ich machen sollte. Ich machte mich einfach über sie her. Ich wollte sie küssen ... ich wollte nicht.

19. Dezember

Wenn es mir gut ginge, fände ich das junge Mädchen sympathisch. Wie die anderen Jungen. Vielleicht bin ich jetzt stärker extrovertiert? Aber als sie mir sagte, ich solle langsam machen, hörte ich nicht ... Ich bin ähnlich wie mein Vater. Wenn sie mir näherkommt, kann ich nicht sprechen, das ist rein physisch, ich rieche nur ein Parfüm, und ich schäme mich, weil ich es im Grunde nicht rieche. Warum ist es nie die Stimme? Sicher, weil zu Hause nie gesprochen wurde. Als du zu mir sagtest: »Setz dich an den Tisch und schreib«, hat es den Knacks gemacht; mein imaginärer Vater hat nie mit mir gesprochen ... so ... »Kurz« ... bin im Traum.

Jedes Mal, wenn du mit mir über die Familie sprichst, wenn du meine Familie angreifst, berührt mich das, es bringt mich zum Nachdenken, es regt mich auf, weil ich im Grunde nicht nachdenke ... und weil ich nie Familie gehabt habe. Weil ich zu sensibel auf Dummheiten reagiere, die ich nicht haben kann. Es ist wie die Bombe, wie mein Vater.

Bei deiner Schrift habe ich den Eindruck, daß du mir etwas ähnlich bist, Félix. Für mich ist Schreiben der Tod (stummes Sprechen). Ich erinnere mich, daß mein Vater eines Tages, als wir bei Tisch saßen, auf jiddisch zu meiner Mutter sagte: »Wie eine Wespe im Honig.« Er lachte dabei. Ich fragte ihn, was das bedeuten solle. Er antwortete, man könne das auf französisch nicht ausdrücken. Félix sagt, mein Vater wäre in dieser Szene ähnlich wie Herr Klamm, *mit dem man nie reden kann.*

Beunruhigt hat mich die Ankunft von M. und dem kleinen Mädchen (M.'s Schwester) und ... seiner Mutter. Ich sehe genau, daß die Kleine aus dem Bauch ihrer Mutter gekommen ist. Und dann ist es schon ein großes Mädchen. Die Ohrfeige, die ich Frau A. gegeben habe, ist für mich genau das gleiche. Das Wichtigste ist das Ding mit dem Spiegel. Warum habe ich mich nicht gefreut, mich zu erkennen? Weil ich mich nicht gesehen habe. Wie kommt es, daß ich nie Hunger habe? Ich habe das Gefühl, nie an dieser Flasche gesaugt zu haben. Und dann die anderen Kinder? Wie kommt es, daß ich nicht bin wie die anderen Kinder? Wenigstens wie meine Brüder und Schwestern. Wenn ich gerade gesagt habe: »wie meine Brüder und Schwestern«, habe ich dabei irgendein schlechtes Gefühl, Brühe? ... irgend etwas im Bauch (beim Schreiben stelle ich mir das vor, denn ich fühle »überhaupt nichts«, ich atme nicht einmal mehr); und genau das kann ich nicht erklären. Eigenartig. Eines Tages bin ich auf den Hund gekommen, wie mein Vater. Masturbation ... Ploff, ich stürze ab.

Je suis tout en cire,
C'est pourtant pas l'âge;
Que puis-je te dire,
Je suis dans le cire âge.

 Das ist genau wie heute morgen, als ich eine Giraffe abgemalt habe. Nicht ich habe die Giraffe abgemalt, sondern die Giraffe hat sich mühsam und langsam selbst abgemalt.

Anmerkungen:

* 1955.
 1 Im Französischen klingt dieser Satz weitaus monotoner: »Maman, mon manger.« *A. d. Ü.*
 2 Anfangsbuchstabe des Eigennamens von R. A.

Maschine und Struktur*

Die Grundlage für die Unterscheidung zwischen Maschine und Struktur, die wir hier einführen wollen, bildet sich allein in unserem besonderen Gebrauch dieser Begriffe; nehmen wir an, es handele sich um ein »Artefakt der Schrift«, ähnlich dem, dessen man sich zur Bearbeitung eines mathematischen Problems bedient, oder ein Axiom, das im Laufe der Entwicklung jederzeit wieder in Frage gestellt werden kann, oder aber diese Art Maschine, von der wir hier sprechen wollen.

In diesem Zusammenhang wollen wir ganz bewußt davon absehen, daß eine Maschine in der Realität nicht von ihren strukturellen Gliederungen zu trennen ist, und daß umgekehrt – was wir übrigens hier beweisen wollen – jede kontingente Struktur von einem Maschinensystem, mindestens aber von einer logischen Maschine, bestimmt wird. Wenn es uns vorläufig notwendig erscheint, Maschine und Struktur zu scheiden, so nur deshalb, um die besonderen Positionen der Subjektivität in ihrem Verhältnis zum Ereignis und zur Geschichte ausfindig zu machen und zu erhellen.[1]

Gehen wir davon aus, daß die Struktur ihre Elemente in einem solchen Verweisungszusammenhang aufeinander *bezieht*, daß sie selbst als Element auf eine andere Struktur *bezogen* werden kann. Der subjektive Faktor, dessen Definition hier nicht über das Prinzip der reziproken Bestimmung hinausgeht, ist in die Struktur einbeschlossen. Der strukturelle Prozeß der enttotalisierten Totalisierung umgreift das Subjekt und läßt es nicht entkommen, es sei denn, er kann es innerhalb einer anderen strukturellen Determination zurückgewinnen.

Im Unterschied dazu verhält sich die Maschine ihrem Wesen nach exzentrisch zum subjektiven Faktor. Das Subjekt ist immer woanders. Die Zeitlichkeit dringt von allen Seiten in die Maschine ein und kann sich im Verhältnis zu ihr nur als Ereignis bestimmen. Das Auftauchen der Maschine markiert ein Datum, einen Einschnitt, der sich nicht mit einer strukturellen Vorstellung deckt.

Die Geschichte der Technologie ist auf jeder Stufe von einem gegebenen Maschinentyp geprägt, die Geschichte der

Wissenschaften ist in jedem wissenschaftlichen Zweig unmittelbar zur Gegenwart, sie spielt an einem Ort, wo jede Wissenschaftstheorie als Maschine und nicht als Struktur verstanden werden kann, und verweist so auf die Ebene der Ideologie. Jede Maschine ist die Negation der Maschine, die sie ersetzt; jede Maschine begeht diesen Mord durch Einverleibung (bis auf den jeweils rückständigen Abfall). Potentiell verlaufen ihre Beziehungen zu einer nachfolgenden Maschine nach demselben Muster.

Die Maschine von gestern, die von heute und die von morgen unterhalten keine strukturell determinierten Beziehungen. Allein eine historische Analyse, die Zuhilfenahme einer außerhalb der Maschine stehenden signifikanten Kette, sagen wir: ein historischer Strukturalismus, gibt uns die Möglichkeit, jene Effekte der Kontinuität, der Rückwirkung und Verknüpfung hinreichend allgemein zu erfassen, die die Maschine vermutlich repräsentiert.

Für die Maschine ist das Subjekt der Geschichte in der Struktur. Um genau zu sein: Wenn man das Subjekt der Struktur in seinem Entfremdungszusammenhang eines Systems der enttotalisierten Totalisierung betrachtet, müßte es eher auf ein »ichhaftes« Phänomen bezogen werden, wobei das Ich im Gegensatz steht zum Subjekt des Unbewußten, insofern das letztere dem Lacanschen Prinzip entspricht: ein Signifikant repräsentiert das Subjekt des Unbewußten an Stelle eines anderen Signifikanten. Als solches gehört das unbewußte Subjekt auf die Seite der Maschine, *neben* die Maschine: Bruchstelle der Maschine; Einschnitt diesseits und jenseits der Maschine.

Die Beziehung des Individuums zur Maschine wurde von Soziologen wie Friedmann in einem grundlegenden Entfremdungszusammenhang begriffen. Das ist sicherlich richtig, wenn man im Individuum eine Struktur der imaginären Totalisierung sieht; aber die Dialektik zwischen Meister und Lehrling, die Bilderbögen von Epinal über die »Lehr- und Wanderjahre« haben angesichts des modernen Maschinenbaus, wo jede Stufe der Technologie von den Spezialisten verlangt, wieder bei Null anzufangen, jeden Sinn verloren. Doch entspricht nicht gerade diese *Rückkehr zum Nullpunkt* dem Prinzip des grundlegenden Einschnitts und damit dem Prinzip des unbewußten Subjekts?

Der Eintritt in den Beruf, der Zugang zu einem Gewerbe, wird nicht mehr durch Institutionen vermittelt, jedenfalls nicht mehr durch solche, die einem Prinzip gehorchen, das sich folgendermaßen ausdrücken läßt: »Der Beruf geht der Maschine voran.« Im Industriekapitalismus wird die bestehende Berufsordnung ständig durch die spasmodische Evolution des Maschinenbaus zerschnitten und immer wieder zerschnitten.

In diesem Sinne hat die Entfremdung des Arbeiters von der Maschine zur Folge, daß er aus jedwedem strukturellen Gleichgewicht gestoßen wird; die Entfremdung bringt ihn in unmittelbare Nähe eines Systems von radikalen Einschnitten, sagen wir: der Kastration, das ihn nicht zur Ruhe kommen läßt, das ihm jede »ich-aufbauende« Sicherheit nimmt, das ihm die Legitimität eines »Zugehörigkeitsgefühls« zu einer beruflichen *Körper*schaft verweigert. Diejenigen Berufsstände, die überlebt haben, z. B. die der Ärzte, Apotheker und Anwälte, sind Überbleibsel aus vorkapitalistischen Produktionsverhältnissen.

Daß dieser Einschnitt unerträglich ist, ist richtig; richtig ist aber auch, daß die institutionelle Produktion die Auswirkungen dieses Einschnitts durch die Einrichtung von Ersatzsystemen zu verschleiern vermag, deren ideologische Legitimation nicht nur vom faschistoiden Paternalismus mit seinen Parolen ›Arbeit‹, ›Familie‹ und ›Vaterland‹ betrieben wird, sondern auch von den verschiedensten Varianten des Sozialismus (einschließlich derer, die besonders liberal erscheinen, wie etwa Kuba) mit ihrer unterdrückenden Apologie des vorbildlichen Arbeiters, ihrer Begeisterung für Maschinen, deren Kult genauso funktioniert wie der des antiken Helden ...

Angesichts der Maschinenarbeit ist die menschliche Arbeit ein Nichts. Besser gesagt: Die Arbeit des »Nichts« als – zumindest ihrer Tendenz nach – spezifische Form der modernen Arbeit, die Arbeit des *feed back:* der Druck auf einen roten oder schwarzen Knopf als Funktion eines anderswo programmierten Ablaufs, die menschliche Arbeit ist nichts anderes mehr als ein noch nicht von der Maschinenarbeit integriertes Residuum.

Die Arbeit des Arbeiters, des Technikers, des Wissenschaftlers wird vom Räderwerk der Maschine von morgen übernommen, einverleibt; die repetitive Geste bietet heute keine rituelle Garantie mehr. Es ist nicht mehr möglich, die menschliche Geste der Wiederholung – die »Geste von Augustus dem Sämann« – mit der der Ordnung der Natur als Grundlage der moralischen Ordnung zu identifizieren. Die *Wiederholung der Geste* begründet kein »Sein-zum-Beruf« mehr. Die moderne menschliche Arbeit ist nur noch eine *residuale Untereinheit der Maschinenarbeit.* Die residuale menschliche Geste ist nur noch eine partielle Geste, ein Anhängsel des subjektiven Prozesses, der von der Ordnung der Maschine ausgeschieden wird. In der Tat: Die *Maschine ist ins Herz des Wunsches eingedrungen,* die residuale menschliche Geste konstituiert nur noch *den Ort der Markierung* durch die Maschine in der imaginären Totalität des Individuums (siehe die Funktion des [1 - a] bei Lacan).

Jede neue Entdeckung im Bereich etwa der wissenschaftlichen Forschung durchläuft das strukturelle Feld der Theorie wie eine Kriegsmaschine, sie bringt es durcheinander und verändert es bis zur radikalen Umgestaltung. Der Forscher selbst wird von den Folgen dieses Prozesses mitgerissen. Seine Entdeckung überholt ihn, sie interveniert in ganze Forschungszweige und entwurzelt jeweils den Stammbaum der wissenschaftlichen und technischen Implikationen. Selbst wenn eine Entdeckung nach dem Namen ihres Autors benannt wird, stellt sich kein »personalisierender Effekt« ein; im Gegenteil, aus dem Eigennamen wird ein Gemeinschaftsname. Damit erhebt sich die Frage, ob die Auslöschung des Individuums in seinem Verhältnis zur Produktion sich auch auf den anderen Ebenen der Produktion verallgemeinern wird.

Auch wenn es stimmt, daß diese unbewußte Subjektivität sich als durch eine signifikante Kette überwundener Einschnitte außerhalb des Individuums und der menschlichen Gemeinschaften in die Ordnung der Maschine verlagert, so ist sie dennoch auf der spezifischen Ebene der Maschine *nicht vorstellbar.* Ein abgelöster Signifikant der unbewußten strukturellen Kette funktioniert als *Repräsentant* der Vorstellung von der Maschine.

Das Wesen der Maschine besteht genau in dieser Operation

der *Ablösung eines Signifikanten* als Repräsentant, als »Differentiator«, als kausaler Einschnitt, als heterogenes Element in der gegebenen strukturellen Ordnung. Diese Operation verknüpft die Maschine mit dem doppelgesichtigen Register des wünschenden Subjekts und seinem Status als der Wurzel der verschiedenen korrespondierenden strukturellen Ordnungen. Die Maschine als Wiederholung des Besonderen schafft eine Möglichkeit, ja die einzige Möglichkeit der eindeutigen individuellen oder kollektiven Vorstellung von den Formen der Subjektivität in der Ordnung des Allgemeinen.

Wenn man die Dinge aus anderer Sicht betrachtet, »ausgehend« vom Allgemeinen, erliegt man leicht der Illusion, daß man sich bei der zufälligen Begegnung mit dem Maschineneinschnitt auf einen bereits bestehenden strukturierten Zusammenhang stützen könnte. Diese »reine«, »basische« signifikante Kette, eine Art von verlorenem Paradies des Wunsches oder der »guten alten Zeit vor dem Maschinenbau«, könnte dann als Metasprache gelten, als absoluter Bezugsrahmen, der sich bei jedem zufälligen Ereignis oder bei jeder Besonderheit an Ort und Stelle produzieren ließe. Die Folge wäre eine unangemessene Bestimmung der Wahrheit des Einschnitts, der Wahrheit des Subjekts auf der Ebene der Vorstellung, der Information, der Kommunikation, der sozialen Kodes usw.

Die Stimme als Sprechmaschine zerschneidet und gründet die strukturelle Ordnung der Sprache, nicht umgekehrt. Das Individuum übernimmt im Erfahrungsbereich seiner Körperlichkeit die Konsequenzen der Überschneidungen von signifikanten Ketten aller Ordnungen, die es durchziehen und zerreißen. Das menschliche Wesen ist gefangen im Schnittpunkt der Überschneidungen von Maschine und Struktur.

Die sozialen Gruppen verfügen nicht über eine solche Projektionsfläche. Sie verfügen nur über sukzessive, kontradiktorische, approximative und metaphorische Modi der Dechiffrierung und Bestimmung, die aus verschiedenen strukturellen Ordnungen, wie etwa aus der des Tausches oder der Mythen, hervorgehen. Jeder durch das Eindringen eines Maschinenphänomens produzierte Bruch wird auf diese Weise mit der Einrichtung eines sogenannten *Antiproduktionssystems* verbunden, dem repräsentativen Modus, der spezifisch ist für die Struktur.

Es ist klar, daß die Produktion aus der Ordnung der Maschine hervorgeht: Unser besonderes Interesse gilt hier ihrem Charakter des subjektiven Einschnitts als unterscheidendes Merkmal jeder Ordnung der Produktion. Es geht um ein Mittel, Bezüge herauszufinden – ohne den magischen Übergang von einer Ebene zur anderen. Es geht zum Beispiel darum, das, was sich im Bereich der Industrie, der Werkstatt oder der Schreibstube abspielt, und das, was in der wissenschaftlichen Forschung oder gar im Bereich von Literatur, Poesie, Traum etc. erörtert wird, auf *dasselbe* Produktionssystem zu beziehen.

Die Antiproduktion wäre dann ein Teil dessen, was unter die Kategorie der »Produktionsbeziehungen« fällt. Die Antiproduktion strebt die Realisierung einer Art von neuem imaginären Gleichgewicht an, und zwar nicht notwendigerweise im Sinne der Trägheit oder des Konservativismus, da sie innerhalb eines gegebenen sozialen Feldes genausogut zur Generalisierung einer neuen herrschenden Produktionsweise führen kann, zur Generalisierung neuer Beziehungen der Akkumulation, der Zirkulation und der Distribution oder jedes anderen superstrukturellen Ausdrucks einer ökonomischen Maschine neuer Art. In diesem Fall ist der imaginäre Ausdrucksmodus der Antiproduktion der der Übergangsphantasie.

Kommen wir zum anderen Ende der Kette, zur Traumproduktion. Wir wollen die Antiproduktion mit der Aufarbeitung eines latenten Trauminhaltes identifizieren, im Gegensatz zu den latenten Produktionen der Triebmaschinen, den Partialobjekten. Das Objekt »a«, das Lacan als Wurzel des Wunsches, als Nabelschnur des Traums beschrieben hat, bricht ebenfalls wie eine Höllenmaschine in das strukturelle Gleichgewicht des Individuums ein. Das Subjekt ist von sich selbst abgetrennt. Entsprechend dem Einschnitt, den das Maschinen-Objekt »a« in das strukturelle Feld der Vorstellung gräbt, häufen sich Momente der Andersartigkeit, die sich auf jeder Stufe des Prozesses in spezifischer Weise anordnen. Die individuelle Phantasietätigkeit korrespondiert mit dieser Form der strukturellen Markierung durch eine besondere Sprache, deren Gliederung sich an den repetitiven Instanzen der Maschinenverfahren des Wunsches orientiert.

Die Existenz dieses irreduziblen, von den strukturellen Bezügen nicht assimilierbaren Maschinen-Objekts »a«, dieses »Selbst für-sich-selbst«, das sich nur in Form des Einschnitts und der Metonymie auf die Elemente der Struktur bezieht, bewirkt schließlich, daß die durch das Netz der Sprache vermittelte Vorstellung von sich selbst in eine Sackgasse führt, zu einer Bruchstelle, zum Ruf nach einer repetitiven Andersartigkeit. Das Wunschobjekt dezentriert das Individuum und treibt es an den Rand seiner selbst, an die Grenze des Anderen; es verkörpert sowohl die Unmöglichkeit einer absoluten Zuflucht seiner selbst in sich selbst als auch die eines radikalen Übergehens in den Anderen. Die individuelle Phantasie *repräsentiert* dieses unmögliche »Gleiten« der Ebenen; und genau dadurch setzt sie sich von der Gruppenphantasie ab, die ihrerseits nicht über solche Ankerpunkte des Wunsches an der Körperoberfläche verfügt, über Punkte, die an die Ordnung der besonderen Wahrheit erinnern, die erogenen Zonen, die Rand-, die Übergangs- und Grenzzonen.

Die Gruppenphantasie *überlagert* die Ebenen, tauscht sie aus und substituiert sie. Sie ist verurteilt, sich um ihre eigene Achse zu drehen. Dieser Effekt der Zirkularität veranlaßt sie, Sackgassen, Verbote, unüberwindbare Leerstellen und ein ganzes »no man's land« der Sinnhaftigkeit zu erzeugen. Gefangen im Feld der Gruppe, verweist die Phantasie immer wieder auf die Phantasie, wie eine Valuta ohne materiale Deckung, ohne Konsistenz, die ihr zumindest partiell erlauben würde, auf etwas anderes bezogen zu werden als auf eine allein aus der Ordnung des Allgemeinen hervorgehende Topologie. Die Gruppe – als Struktur – phantasiert das Ereignis durch ein unverantwortliches Hin und Her zwischen dem Allgemeinen und dem Besonderen. Irgendein Führer, ein Sündenbock, eine Spaltung, eine von der anderen Gruppe empfundene imaginäre Bedrohung ist das *Äquivalent* der Gruppensubjektivität. Jedes Ereignis, jede Krise ist substituierbar durch ein anderes Ereignis, eine andere Krise, die eine andere Sequenz inauguriert, die ebenfalls den Stempel der Äquivalenz und der Identität trägt. Die Wahrheit von heute ist als Funktion einer immer möglichen Neuschrift der Geschichte stets auf die Wahrheit von gestern »beziehbar«. Die psychoanalytische Erfahrung, das In-Gang-Setzen der psychoanalytischen Maschine, deckt auf, daß es dem wünschenden Subjekt unmöglich ist, ein solches System der Homologie und Neuschrift aufrechtzuerhalten – die Übertragung spielt hier nur die Rolle der Enthüllung der Wiederholung, sie funktioniert, konträr zum Gruppeneffekt, wie eine Maschine.

Da das Triebsystem der Gruppe sich nicht an der Wunschmaschine – den auf die Oberfläche des phantasmatischen Körpers bezogenen Objekten »a« – festmachen kann, ist es dazu verurteilt, die imaginären Formen der Bestimmung zu vervielfältigen. Jede ist in sich selbst strukturiert, bleibt aber im Verhältnis zu den anderen in einer zweideutigen Beziehung. Die Tatsache, daß sie nicht über jenes differenzierende Element verfügen, von dem Gilles Deleuze spricht, zwingt sie zu einem System des ewigen Gleitens. Der Einschnitt ist verworfen, er ist nur noch *zwischen* den strukturellen Ebenen herauszufinden. Das Wesen des Einschnitts wird nicht mehr aufgenommen. Da es eine besondere Form der Bestimmung von Strukturen nicht (mehr) gibt, werden sie ineinander »übersetzbar« und entfalten auf diese Weise ein unbestimmtes logisches *Kontinuum*, das Zwangsneurotikern einige Befriedigung verschafft. Auf der Ebene der Gruppe vollzieht sich die Identifikation des Ähnlichen, das Aufspüren des Unterschieds, nach einer imaginären Logik zweiten Grades. So funktioniert beispielsweise die imaginäre Vorstellung von der anderen Gruppe als Anordnungsmaschine. In gewissem Sinne ist es ein logischer Exzeß, der sie in die Sackgasse treibt.

Dieses *vis-à-vis* der Strukturen setzt eine verrückte Maschine in Gang, verrückter als die verrücktesten der Verrückten, die Grenzvorstellung einer sado-masochistischen Logik, in der alles allem äquivalent ist, in der die Wahrheit allemal exzentrisch ist. Es ist die Herrschaft der politischen Verantwortungslosigkeit, es ist die radikal von der ethischen Ordnung abgeschnittene Ordnung des Allgemeinen. Der letzte Schluß der Gruppenphantasie ist das Absterben in sich selbst, die Zerstörung ohne Träger, die radikale Auslöschung jeder wirklichen Orientierung – ein Zustand, aus dem die Frage nach der Wahrheit nicht nur schon immer verschwunden war, sondern in dem sie nie existiert hat, nicht einmal als Frage.

Diese Gruppenstruktur repräsentiert hier das Subjekt einer anderen Struktur als Fundament einer undurchsichtigen Subjektivität. Während für das Individuum das unbewußte Wunschobjekt als Einschnitt- oder Maschinensystem funktionierte, wird diese Rolle auf der Ebene der Gruppe von den kontingenten und transitorischen Untereinheiten der Gruppe oder einer anderen Gruppe erfüllt. Das so entfaltete strukturelle Äquivalenzfeld hat also im wesentlichen die Funktion, jeden Ausbruch eines besonderen Objekts zu verschleiern, der entweder *auf der Ebene des menschlichen Subjekts* durch den unbewußten Wunsch repräsentiert wird oder *auf der allgemeineren Ebene der unbewußten signifikanten Ketten* durch den Einschnitt, den das geschlossene Maschinensystem vollzieht. Die strukturelle Ordnung der Gruppe – die des Bewußtseins, der Kommunikation – ist von allen Seiten von solchen Maschinensystemen umgeben, von Maschinensystemen, die sie nie in den Griff bekommen wird, ob es sich nun um Objekte »a« als unbewußte Wunschmaschine handelt oder um Phänomene des Bruchs, die sich auf Maschinen verschiedener Art beziehen. Das Wesen der Maschine als Bruch, als atopisches Fundament dieser Ordnung des Allgemeinen, findet ihren Ausdruck darin, *daß man das unbewußte Subjekt des Wunsches nicht mehr von der Ordnung der Maschine selbst unterscheiden kann.* Diesseits und jenseits aller strukturellen Determinationen begegnen das Subjekt der Ökonomie, das historische Subjekt, das Subjekt der Wissenschaft demselben Objekt »a« als wunscherzeugendem Einschnitt.

Ein Beispiel für eine Struktur, die als Subjekt einer anderen Struktur funktioniert, finden wir in den Vereinigten Staaten: in dem Verhältnis der Schwarzen zur »weißen« Ordnung – ein undurchsichtiges, absurdes, für ein modernistisches Bewußtsein nicht dechiffrierbares »face to face«, die Ablehnung einer radikaleren Andersartigkeit, die z. B. mit der Ablehnung einer ökonomischen Andersartigkeit einhergeht. Die Ermordung Kennedys »repräsentiert« die Unmöglichkeit, die ökonomische und soziale Andersartigkeit der Länder der Dritten Welt zu bestimmen; davon zeugen auch das Mißlingen der »Allianz für den Fortschritt«, die Zerstörung Vietnams etc. Hier wären die Zusammenhänge und die Kontinuität von libidinöser Ökonomie und politischer Ökonomie genau festzustellen.

In dieser oder jener Phase der Geschichte kommt es zu einer Fokussierung des Wunsches in den Gesamtstrukturen; zur

Kennzeichnung einer solchen Fokussierung schlagen wir den allgemeinen Begriff Maschine vor, ob es nun um eine neue Waffe geht, um eine neue Produktionstechnik, eine neue religiöse Axiomatik oder um große Entdeckungen – die Entdeckung Indiens, die der Relativität, des Mondes, Chinas etc. Um dem etwas entgegensetzen zu können, treibt die strukturelle Antiproduktion ihre Entwicklung bis zur eigenen Sättigung voran, während der revolutionäre Einschnitt als Gegenpol seinerseits ein anderes diskontinuierliches Feld der Antiproduktion entwickelt, das sich den unerträglichen subjektiven Einschnitt wieder einzuverleiben sucht, der sich seinerseits weiterhin der alten Ordnung entzieht. *Man könnte sagen, daß die Revolution, die revolutionäre Phase, die Zeit umfaßt, in der die Maschine die soziale Subjektivität der Struktur repräsentiert, und daß umgekehrt die Phase der Unterdrückung, die Phase der Stagnation diejenige ist, in der die Superstrukturen eine Repräsentation der Maschineneffekte ausschließen.* Der gemeinsame Bezugsrahmen dieser Schreibweisen auf der Ebene der Geschichte wäre ein reiner Bereich des Signifikanten, in dem *die Maschine das Subjekt einer anderen Maschine repräsentiert.* Dann könnte man allerdings von der Geschichte als Ort des Unbewußten nicht mehr sagen, sie sei »strukturiert wie eine Sprache«, es sei denn, es existiert überhaupt keine mögliche Schriftform einer solchen Sprache.

Es ist in der Tat ausgeschlossen, den realen historischen Diskurs festzuschreiben, das zufällige Geschehen, das dazu führt, daß irgendeine Phase, irgendein Signifikant durch irgendein Ereignis, eine soziale Gruppe oder das plötzliche Auftauchen eines Individuums, einer Entdeckung etc. repräsentiert wird. In diesem Sinne müßte man annehmen, daß die historischen Archaismen grundsätzlich die Orte der Wahrheit sind; die Geschichte verläuft nicht als ein kontinuierlicher Prozeß, die strukturellen Phänomene entfalten sich in Verbindung mit besonderen Sequenzen, um die signifikanten unbewußten Spannungen zu markieren und auszudrücken, bis es zum Bruch kommt, zu dem spezifischen Punkt der Diskontinuität, der in der dreifachen Dimension des Ausschlusses, der Zudringlichkeit und der Bedrohung auszumachen ist. Die historischen Archaismen wirken als Verdoppelung des strukturellen Effekts und nicht als Abschwächung.

Wenn Malraux sagen konnte, das 20. Jahrhundert sei das Jahrhundert der Nationen, im Gegensatz zum 19. Jahrhundert, das das des Internationalismus gewesen sei, so steht hinter dieser Bemerkung die Erfahrung, daß sich der Internationalismus, da es einen adäquaten strukturellen Ausdruck der ökonomischen und sozialen Maschinerien, die ihn »bearbeiteten«, nicht gab, im Nationalismus verschlossen hat, aber auch im Regionalismus und in den Formen des Partikularismus, die sich heute entwickeln, selbst innerhalb der angeblich internationalen kommunistischen Bewegung.

Das Problem der revolutionären Organisation ist im Grunde das der Einrichtung einer institutionellen Maschine, die sich durch eine besondere Axiomatik und eine besondere Praxis auszeichnet; gemeint ist die Garantie, daß sie sich nicht in den verschiedenen Sozialstrukturen verschließt, insbesondere nicht in der Staatsstruktur, die scheinbar den Grundstein der herrschenden Produktionsverhältnisse bildet, obwohl sie den Produktionsmitteln nicht mehr entspricht. Die imaginäre Falle, die »Lerchenblende«, besteht darin, daß es heute überhaupt nichts mehr zu geben scheint, was außerhalb dieser Strukturen artikulierbar wäre. Das revolutionäre sozialistische Vorhaben, das sich die *Eroberung der politischen Macht des Staates* zum Ziel gesetzt hatte und diese mit dem instrumentellen Träger der Herrschaft einer Klasse über die andere, mit der institutionellen Garantie für den Besitz an Produktionsmitteln identifizierte, fiel auf diesen Köder herein. Es hat sich selbst in dem Maße als Köder strukturiert, in dem sich sein Objekt in das soziale Bewußtsein einprägte, ohne den ökonomischen und sozialen Trieben zu genügen. Der Staat, so wie wir ihn kennen, steht jetzt außerhalb der fundamentalen ökonomischen Prozesse. Die Institutionalisierung von »Großmärkten«, die Perspektive der Errichtung von Super-Staaten vervielfacht den Köder um das Tausendfache; das gleiche gilt für den modernen Reformismus mit seinem Projekt einer allmählichen »Kontrolle des Volkes« über die ökonomischen und sozialen Untereinheiten . . . Die subjektive Konsistenz der Gesellschaft ist so, wie sie sich auf allen ökonomischen, sozialen und kulturellen Ebenen bekundet, zur Zeit nicht genau zu definieren; sie verfügt nur über unscharfe institutionelle Übersetzungen. Das hat sich gezeigt während der Mai-

Revolte in Frankreich, wo die einzige Annäherung an eine authentische Kampforganisation in der verworrenen, verspäteten und von allen Seiten angegriffenen Erfahrung der Aktionskomitees sichtbar wurde.

Das revolutionäre Vorhaben als »Maschinentätigkeit« einer institutionellen Subversion müßte solche subjektiven Möglichkeiten aufdecken und sie in jeder Phase des Kampfes im voraus gegen ihre »Strukturalisierung« absichern. Aber ein solches permanentes Erfassen der auf die Strukturen wirkenden Maschineneffekte könnte sich nicht mit einer »theoretischen Praxis« zufriedengeben. Es verlangt die Entwicklung einer spezifischen analytischen Praxis, die jede Stufe der Kampforganisation unmittelbar betrifft. Andererseits bestünde so die Möglichkeit, die Verantwortung derer festzustellen, die aufgrund einer bestimmten Position in der Lage sind, sich buchstäblich im theoretischen Diskurs zu artikulieren, und zwar an dem Ort, wo der Buchstabe den Klassenkampf im Herzen des Wunsches markiert.

1969

Anmerkungen:

* Dieser Text wurde 1969 geschrieben und war ursprünglich für die Ecole freudienne de Paris bestimmt. Erschienen ist er in der Zeitschrift *Change*, Nr. 12.

1 Wenn wir uns an die von Gilles Deleuze eingeführten Kategorien halten, müßte die Struktur in unserem Zusammenhang auf die Ebene der Allgemeinheit bezogen werden, die sich durch den möglichen Austausch oder die Substitution von Besonderheiten auszeichnet; die Maschine dagegen müßte zur Ordnung der Wiederholung gehören, und zwar »als Verhalten oder Standpunkt, die sich auf nicht austauschbare, nicht substituierbare Besonderheiten beziehen«. (*Différence et répétition*, Paris 1969, S. 7)

Von den drei Minimalbedingungen, die Deleuze für eine Struktur im allgemeinen angibt, wollen wir nur die beiden ersten verwenden:

1. Notwendig sind mindestens zwei heterogene Reihen, von denen eine als Signifikant und die andere als Signifikat bestimmt wird.

2. Jede dieser Reihen besteht aus Gliedern, die nur durch ihre Beziehungen zueinander existieren.

Die dritte Bedingung, »die beiden heterogenen Reihen, die zu einem paradoxen Element konvergieren, welches wie ihr Differentiator erscheint«, wäre im Gegensatz zu den anderen ausschließlich auf die Ordnung der Maschine zu beziehen. (*Logique du sens*, Paris 1969, S. 63)

Die Kausalität, die Subjektivität
und die Geschichte

Der leninistische Einschnitt[1]

Geschichte machen, Geschichten machen, das bedeutet, mit allen Mitteln gegen die illusorische Macht der Strukturen kämpfen, die sinnlosen Ausdrücken über die Geschichte und den Tod Konsistenz verleihen.

Spricht man von der Geschichte im üblichen Sinne, so kann man sagen, daß sich dort alles in der Determination abspielt, und daß der historische Materialismus die einzig angemessene Methode zu ihrer Entschlüsselung ist, solange er nicht den sträflichen Vereinfachungen verfällt, an die die Stalinisten uns gewöhnt haben. Dennoch gibt es eine Dimension, die der dialektischen Determination entgeht, die sogar dem Prinzip der Determination selbst entgegenarbeitet. Ich meine das Paradox einer Institution wie z. B. der KPF, deren Politik vollständig vom Spiel der ökonomischen und sozialen Beziehungen des staatsmonopolistischen Kapitalismus geprägt ist, die gefangen ist im Gaullismus, gefesselt an die Außenpolitik der UdSSR etc. – Kenntnisse, die uns allerdings nicht stumpf machen sollten für die Wahrnehmung, daß es in Frankreich noch immer eine revolutionäre Chance gibt, die teilweise von der Entwicklung der inneren Krise dieser Partei abhängig ist. Nehmen wir ein anderes Beispiel: Kuba. Noch vor zehn Jahren mochte man glauben, dort sei alles »gelaufen«. Dann kam plötzlich der Einschnitt des Castroismus, der alles wieder in Frage stellte und eine unvorhersehbare Serie von Ereignissen eröffnete. Damit soll nicht gesagt sein, auch in Frankreich sei eines Tages ein Castroismus möglich; ich will nur klarmachen, daß sich auf der Ebene der »Gegendetermination« ein ganzes Feld von subjektiven Interventionen und revolutionären Umwälzungen auftut. Das bedeutet keineswegs eine notwendige Entwicklung in dieser Richtung, sondern nur, daß es mögliche Brüche in der historischen Kausalität gibt.[2]

Betrachten wir die Intervention der Bolschewiki zwischen Februar und Oktober 1917: Ihr Eingreifen verhinderte die natürliche Evolution der Dinge; sie haben sich den »normalen« Folgen eines nationalen Zusammenbruchs in die Quere gestellt: einer Art heiliger Allianz der Linken, die wartet, bis wieder bessere Tage kommen und die traditionalistischen Parteien die Macht wieder fest in den Händen haben. Die Bolschewiki haben das militärische, ökonomische, soziale und politische Chaos als Sieg der Massen *interpretiert*: den ersten Sieg der sozialistischen Revolution. Es ist Lenins Verdienst, daß er in dieser für Rußland dramatischen Situation die kompromißlose Theorie vom »revolutionären Defätismus« aufrechterhielt. Die Politik der Bolschewiki drehte sich damals ausschließlich um Lenin, der sich plötzlich bewußt geworden war, daß die sozialistische Revolution zum unmittelbaren Ziel geworden war. Dieses Interesse der Bolschewiki hängt, genau genommen, mit der Dummheit der russischen Bourgeoisie zusammen, die es ihnen unmöglich machte, ihre Macht zu festigen. Für Lenin bedeutete das, daß er einer unvorhergesehenen Situation gegenüberstand. Bis dahin hatte er hart gegen diejenigen gekämpft, die einen solchen Durchbruch als notwendigen Prozeß vorausgesagt hatten (Trotzki und die Vertreter der »permanenten Revolution«). Nun mußte er seine eigene Partei überzeugen, was ihm schließlich mit einem Kraftakt gegen sein eigenes Zentralkomitee gelang. Die neue Orientierung war die der *Aprilthesen*: die unverzügliche Mobilisierung der Partei und der Massen für die Machteroberung.

Diese Wende und der daraus folgende Bruch in der bolschewistischen Partei hatten erhebliche Folgen. Wichtige aktive Parteimitglieder wie Sinowjew und Kamenew wehrten sich mit allen Mitteln gegen den neuen Hegemonial-Anspruch der Partei. Die verzweifelte Energie, mit der sie das bekämpften, was in ihren Augen eine gefährliche Versuchung war, mag einen auf den Gedanken bringen, daß sie so etwas wie eine historische Vorahnung von der stalinistischen Nachfolge der Machteroberung hatten, von dem, was den Massen eine Deformation des kommunistischen Ideals und daher einen schweren Schlag gegen die revolutionäre marxistische Bewegung insgesamt bedeutete.

Aber weder Lenin noch Trotzki waren geneigt, sich mit solchen Vorahnungen zu belasten. Zum ersten Mal seit fünfzehn Jahren waren sie sich einig: Man mußte mit gesenktem Kopf durch diese Bresche hindurch und die Geschichte durch eine Art kollektiven Voluntarismus zwingen, diesen proletarisch-revolutionären Einschnitt ein für alle Mal anzunehmen, trotz der Schwäche des russischen Proletariats und ohne sich um die Konsequenzen zu kümmern. Die Stunde der ersten sozialistischen Revolution *mußte* eingeläutet werden. In der Folgezeit wurde die Bresche wieder aufgefüllt, die Schärfe der bolschewistischen Intervention stumpfte ab. Manche Leute werden nun behaupten, daß die historische Kausalität der Kräfteverhältnisse in dieser Sache in Wirklichkeit nie außer Kraft gesetzt worden, daß dieser berüchtigte signifikante Einschnitt – der leninistische Einschnitt – nur ein Köder sei und daß die Geschichte in letzter Konsequenz den gleichen Gesetzen unterliege wie die Natur – oder, besser gesagt, Gesetzen, die die positivistische Imagination der Natur verleiht. Und doch bestimmt dieser Einschnitt noch heute unsere Geschichte; einerseits durch seine Theoriefolgen und die Aktualisierung der Wirksamkeit des Klassenkampfes (die bis dahin relativ hypothetisch geblieben war), andererseits durch seine Grenzen, seine Zufälligkeiten, die Wunden und Schandflekke, die er uns hinterlassen hat und unter denen wir wegen unserer Unfähigkeit, die Wiederholungseffekte zu überwinden, nach wie vor leiden. Im Grunde geht es darum, zu erfassen, auf welche Weise wir solche Momente der Geschichte angemessen aufgreifen können, inwieweit wir die Zufälligkeiten, die dabei eine Rolle gespielt haben, analysieren müssen, und zugleich das relative Gewicht zu definieren, das die alltäglichen, geschichtlich begründeten Ereignisse für unser eigenes politisches Verhalten, unser Handeln haben sollten.

Man kann nun die Ansicht vertreten, es sei besser, sich im Allgemeinen aufzuhalten, beispielsweise die Analyse der »Reduktion« des Bolschewismus auf die einfache historische Kausalität der gegenwärtigen Kräfteverhältnisse zu beschränken und sich mit der Entfaltung der klassischen Thesen zufriedenzugeben, denen zufolge es angesichts des Scheiterns der deutschen Revolution, des Verrats der europäischen Sozialdemokratie, der Erschöpfung der Massen etc. notwendigerweise so kommen mußte, wie es kam. Man kann sich aber auch einen anderen, komplexeren Ansatz vorstellen: den Versuch, die ökonomischen, demographischen, soziologischen oder unbewußten Determinationen als Momente aufeinander zu be ziehen.

Ein solcher Forschungsherd, der die Arbeit des Historikers und des Ökonomen in einen ständigen Austausch stellte mit der Erarbeitung psychoanalytischer Biographien, mit linguistischen Untersuchungen etc., könnte vielleicht einen neuen Typus politisch aktiver Analytiker hervorbringen, die den Marxismus endlich von der tödlichen Krankheit befreien hülfen, die ihn lähmt: der Allgemeinheit.

Kehren wir zur Oktoberrevolution zurück. Es erscheint wohl angebracht, näher auf die Umstände und den Kontext des *leninistischen Einschnitts* einzugehen, ohne sich in Details zu verlieren, die auf den ersten Blick unwichtig erscheinen. Welches komplexe Netzwerk von Signifikanten setzte die Bolschewiki in die Lage, jene »zehn Tage, die die Welt erschütterten«, in Gang zu bringen? Weshalb endeten sie im monströsen Rückfluß des Stalinismus, der die Revolution entstellte und in den folgenden Jahrzehnten Dutzende von revolutionären Bewegungen lähmte, ja sabotierte? Was machte sie zu ohnmächtigen Zuschauern dieser Entwicklung?

Ohne die Verdienste der Bolschewiki zu schmälern, müßte man zunächst einmal zugeben, daß sie sich mit ihren politischen und ethischen Prinzipien schon sehr früh, seit dem Beginn der Revolution, unfähig gezeigt haben, die Führung der Massen zu übernehmen. In der siedenden Zeit des Oktober 1917 mußte der Parteiapparat – gestern noch eine bescheidene Untergrundbewegung – sowohl mit den Folgephänomenen des allgemeinen Chaos fertig werden als auch mit der imperialistischen Umzingelung; in die Zange genommen von der Notwendigkeit eines »Kriegskommunismus« und der Aussicht auf eine kommende Deformation des proletarischen Staates mußte dieser Parteiapparat ein Staatsgebilde errichten, er mußte in aller Eile eine revolutionäre Armee aufstellen, die aber aus zwingenden technischen Gründen (so wurde die Situation jedenfalls erlebt) Offiziere der alten zaristischen Armee in ihren Generalstab aufnahm und, von wenigen Ausnahmen abgesehen, auf die klassischen militärischen Methoden zurückgriff. Darüber hinaus hatte der Parteiapparat – immer noch nach dem herrschenden Konzept – die Aufgabe, die revolutionären Kämpfe in aller Welt strategisch zu koordinieren und taktisch vorzubereiten. In dieser Situation improvisierte er mit Hilfe einiger disparater Kerngruppen eine neue Internationale, ohne sich mit der Partei von Rosa Luxemburg auch nur formell abzustimmen und während die Krise der europäischen Sozialdemokratie noch lange nicht ausgereift war. Schließlich fühlte der Apparat sich für alles verantwortlich. Die bolschewistische Konzeption von der Beziehung zwischen den Massen und der Avantgarde impliziert, daß die revolutionäre Partei – in Wirklichkeit der Apparat – den Schrittmacher spielte, daß sie im Namen der Massen sprach, sie führte etc.

Derlei Einschätzungen gebieten eine gründliche Analyse der organisatorischen, politischen, theoretischen und ethischen »Bereiche« des Bolschewismus. Man könnte dabei von dem Gedanken ausgehen – der meiner Ansicht nach nicht von der Hand zu weisen ist –, daß die Handvoll »alter Bolschewiki«, die sich ihrer Aufgabe bewußt waren und sich – bis auf wenige Ausnahmen – nicht vom Erfolg betäuben ließen, gleichwohl zur Entfaltung einer *kollektiven* Allmachtsphantasie beigetragen haben, sei es aufgrund der Erfordernisse der Propaganda, sei es, weil sie um den inneren Zusammenhalt der Partei fürchteten. Bei Neulingen im Parteiapparat nahm diese Allmachtsphantasie zuweilen melagomanische Ausmaße an. Die Partei war besetzt mit einer messianischen Berufung, sie war von der Geschichte dazu bestimmt, in allen Fragen zu entscheiden, die guten Genossen von den schlechten zu scheiden etc. Nicht zu vergessen sind auch die mechanistischen Vorstellungen der Intelligentsia jener Zeit, die sich beispielsweise in dem widerwärtigen Bild vom »Transmissionsriemen« äußern, das noch heute die Arbeiterbewegung vergiftet.

Nicht besser als irgendeine andere – und schon gar nicht auf der theoretischen Ebene – war die leninistische Partei vorbereitet, einen originalen Prozeß der Institutionalisierung zu fördern, wie er ursprünglich bei der Errichtung der Sowjets am Werke war. Man hat den traditionellen Stil nicht mehr verlassen, gleichgültig, ob es sich um Gewerkschaften, um Jugend- oder um Frauenorganisationen handelt. Keine einzige institutionelle Innovation konnte sich dauerhaft entfalten. Die Sowjets wurden nach der Machtübernahme abgeschafft.Das vorläufige Resultat sollte die Ausschaltung und dann die Verfolgung jeder Opposition sein, und zwar lange vor Lenins

Tod (Verbot der linken Sozialrevolutionäre, der Anarchisten, der Arbeiteropposition, Verbot von Fraktionen innerhalb der Partei). Tatsächlich war das Resultat – ohne irgendein Gegengewicht in der Bevölkerung – eine krebshafte Wucherung von Technokratien in der Politik, bei der Polizei, im Militär, in der Wirtschaft. Der Militarisierung der Roten Armee durch Trotzki folgten sein Projekt der Militarisierung der Gewerkschaften und die Einrichtung eines Systems von Arbeitszwang; all dies wurde bis ins kleinste begründet mit quasi wahnhaften Überlegungen, beispielsweise der, die Sklavenarbeit der Leibeigenen im Feudalismus sei zu ihrer Zeit ein «fortschrittliches Phänomen»[3] gewesen. Es war Stalin, der dann diese Vorstellungen in die politische Praxis umsetzte und obendrein die Partei, den Staat und die III. Internationale militarisierte. Das Ergebnis war, seit 1921, daß die Kommune von Kronstadt verkannt und verleumdet wurde.[4]

So stellte Trotzki, durch den Zwang der Revolution Leninist geworden, sein altes Programm, das er 1905 und 1917 als Führer des Petersburger Sowjet verfolgt hatte, auf den Kopf und betrieb mit grausamer Rigidität einen Bolschewismus, der freilich nur noch eine Karikatur der ursprünglichen Ideen war. Im Unterschied zu Lenin scheint Trotzki bei seiner Kehrtwendung vergessen zu haben, daß die Theorie etwas mit der Realität zu tun hat bzw. daß sich ein Ereignis nicht im *nachhinein* mit der Realität verbinden läßt. Trotzki wurde zum Mann der unmöglichen Situationen; er war buchstäblich besessen von der »eisernen Disziplin«, von der vorschriftsmäßigen Mechanik; er erlag seiner Neigung zur »Repräsentativität«, während er noch kurz zuvor einer der Wortführer gegen die Gefahr des »politischen Substitutionalismus« gewesen war, der dem leninistischen Zentralismus inhärent sei. Seine Übertreibungen waren zweifellos die Folge seiner noch jungen Zugehörigkeit zum Leninismus; verfolgt von den »alten Bolschewiki«, trieb er schließlich den Zentralismus auf die Spitze.

Lenin, der weniger Theoretiker war, auf jeden Fall weniger literarisch als Trotzki, vielleicht auch schwerer Zugang zu den Massen fand, hat einen solchen Riß zwischen Theorie und Praxis nie gekannt. Seine Meinung zu ändern, eine politische Linie zu modifizieren, schien ihm keine großen Schwierigkeiten zu bereiten. Alles in ihm konzentrierte sich auf das Ziel; ohne die Bedeutung von Diplomatie und Kompromissen zu verkennen, zählten Fragen der Person im Grunde für ihn nicht – angefangen bei seiner eigenen Person. Seine ganze politische Geschichte zeugt von dieser Haltung, die aber möglicherweise in einem bestimmten Zusammenhang besonders bezeichnend ist, den ich den *Augenblick des fundamentalen leninistischen Einschnitts* nennen will; ich meine den Einschnitt vom Juli 1903, zur Zeit des II. Kongresses der SDAPR.[5] Trotzki zufolge[6] brach die Spaltung hervor »wie ein Blitz aus heiterem Himmel«. Scheinbar entwickelte sich alles auf die klassische Art, eben so, wie derlei Konflikte in linken Gruppen gewöhnlich ausgetragen werden. Nach dem Wunsch der 58 Delegierten (von denen bemerkenswerterweise nur drei Arbeiter waren), die sich in London versammelt hatten, nachdem sie Brüssel hatten verlassen müssen, ging es in erster Linie um eine Gründerversammlung, um die Festigung der Partei. Ausgelöst wurde die Krise dann durch die Definition der Mitgliedschaft, durch Unstimmigkeiten, die sich auf *zwei Wörter* in einem Paragraphen der Statuten bezogen, und rasch griff der Dissens über auf die Festsetzung der Anzahl der Redaktionsmitglieder der *Iskra*: Aus Gründen der Effektivität – hinter denen sich sicherlich politische Absichten verbargen – wollte Lenin die Zahl der Redakteure auf drei verringern. An solchen Meinungsverschiedenheiten zerbrach schließlich das prekäre Gleichgewicht, das die Gründergruppen der Sozialdemokratischen Partei Rußlands bis dahin schlecht und recht hatten aufrechterhalten können. Gewiß, es brodelte schon lange: Die Divergenzen mit den »Ökonomisten« – unter denen sich, nebenbei gesagt, die meisten aktiven Arbeiter der Partei befanden – waren Anlaß zu bissigen Polemiken gewesen. Die zwangshafte Angst einzelner Intellektueller in der Partei, die Sünde des Revisionismus zu begehen, trieb sie dazu, das im objektiven Kontext des zaristischen Rußland insgesamt imaginäre Risiko einer Spaltung zwischen der Arbeit in den Betrieben und dem politischen Handeln über alle Maßen zu vergröbern.

Hinzu kam dann noch der unnütze Zank, der zum Ausschluß des Bundes führte: Die Führer brachten kein Verständnis auf für den Wunsch der politisch aktiven Juden, sich ein

Minimum an organisatorischer Identität zu bewahren; Gott weiß, wie schwierig zu dieser Zeit die Situation der jüdischen Arbeiter in Rußland war! In dieser Sache schob die Parteiführung Trotzki in den Vordergrund; die Härte seiner Angriffe verschaffte ihm den Spitznamen »Keule Lenins«. Kurz gesagt, die Verwicklungen waren irreversibel: zuerst der Bruch zwischen Martow und Lenin, dann zwischen Lenin und Plechanow, dann zwischen Plechanow und Trotzki . . . Dieses ganze schlechte Theater, ein Psychodrama hinter verschlossenen Türen, brachte letzten Endes eine neue Axiomatik der revolutionären Bewegung hervor, der wir zum großen Teil noch heute verpflichtet sind.

Was sich hier abgespielt hat, hat sich anderswo mehrfach wiederholt. Die Ausdrücke sind erstarrt und von den Situationen, die ihnen zugrunde liegen, definitiv losgelöst. Nachdem sie zu herrschenden Ausdrücken geworden waren, wurde ihre Funktion die, jede im Bruch befindliche Aussage zu reglementieren. Bestimmte Attitüden, ein professioneller »Bolcho«-Stil, eine perverse Vorliebe für den prinzipiellen Bruch, einhergehend mit großer taktischer Beweglichkeit, die manchmal an Doppelzüngigkeit grenzte, zogen ein in die Sprache der militanten Subjektivität. Ich bin überzeugt, daß Phonetiker, Phonologen oder Semantiker die Bildung bestimmter linguistischer Formen bis zu diesem Ereignis zurückverfolgen könnten, bestimmter Gebrauchsweisen stereotyper Formulierungen, gleichgültig, aus welcher Sprache sie stammen, und die zahlreichen Linken heute noch eigen sind. Eine neue Variante der universellen Genossensprache – eine »Spezialsprache« – entstand aus diesem nahezu absurden Theater; sie hat einer im Bruch befindlichen Botschaft Gestalt und einem antirevisionistischen, antizentristischen Kode Konsistenz verliehen. Und sie hat die aktiven Revolutionäre, die durch diese Schule gegangen waren, träge gemacht, ihre Fähigkeit korrumpiert, sich neuen Perspektiven zu öffnen – eine Trägheit, die das blinde Wohlgefallen am schlagworthaften Gebrauch von Beschlüssen rechtfertigte und die meisten Betroffenen dazu verleitete, die Funktion des Wunsches zu verkennen: zunächst für sich selbst, im Prozeß ihrer eigenen Bürokratisierung, der übrigens nach einem neuen Stil verlief; sodann für die Massen, denen gegenüber sie eine Einstellung entwickelten, die von Überlegenheit und Verachtung zeugt, eine Haß-Liebe des Kämpfers, der *a priori* weiß und der sich systematisch weigert, etwas anderes wahrzunehmen als die »Linie«. Der Wunsch der Massen besteht ganz sicher in dem Willen, zu kämpfen; aber er besteht auch in einem Wissen, das nicht notwendig mit der Parteilinie übereinstimmt, einer Linie, die überaus schematisch ist, die das Unvorhersehbare und die besonderen Kräfteverhältnisse ignoriert. Nicht, daß die Massen in sich anarchistisch wären; aber sie wollen für sich selbst kämpfen, nach ihrem eigenen Rhythmus, nach ihrer eigenen Lust und Laune, selbst auf die Gefahr hin, sich wieder an den Apparat wenden zu müssen, wenn sie desorientiert vor einer unentscheidbaren Alternative stehen oder wenn sie ganz einfach kein Interesse mehr an der Sache haben.

Ausgehend von dem beschriebenen fundamentalen Einschnitt wurde die leninistische Maschine in ihre Bahn geschossen. Es bleibt der Geschichte überlassen, ihr Gestalt und Konsistenz zu geben; aber die fundamentale Kodierung ist sozusagen fixiert. Und im Grunde ist die Frage, auf die wir hinauswollen, die, welche andere Maschine – wenn es eine geben sollte – sie ersetzen könnte, welche andere Maschine, die zugleich effektiver wäre und weniger schädlich für den Wunsch der Massen. Ich behaupte nicht, dieser Einschnitt von 1903 wäre der einzige, der die Geschichte des Leninismus, des Stalinismus bis hin zum Maoismus geprägt hat; die Dinge haben sich entwickelt und den Situationen entsprechend verändert. Ich behaupte nur, daß mit diesem Ereignis fundamentale Signifikanten, Schlüssel-Einschnitte in die Geschichte eingetreten sind. Im übrigen ist das Ganze eine Arbeitshypothese. Es geht mir einzig und allein darum, eine mögliche Richtung der Analyse summarisch zu illustrieren. Dieser Vorbehalt ist keine Formalität; ich bestehe darauf, und zwar nachdrücklich, denn es kommt nicht in Frage, mit den Mythen, die von der zeitgenössischen revolutionären Bewegung befördert werden, so zu verfahren, wie es zum Beispiel die Psychoanalytiker mit den antiken Mythen tun, die sie als absoluten Bezugspunkt behaupten und angeblich in identischer Form auf allen Ebenen und in allen Bereichen der Phänomenologie des Unbewußten wiederfinden.

Um genau zu sein: Es müßte aufgedeckt werden, daß jede

Periode so lange in den *historisch definierbaren* Mythen gefangen bleibt, solange die Ereignisse nicht durch eine revolutionäre *Interpretation* in ein neues Licht gerückt werden. Ich bin vom »Bolcho-Komplex« ausgegangen; genausogut hätte ich den »Komplex von 1936« mit all seinen Varianten nehmen können: der antifaschistischen Front, der nationalen Einheitsfront, der Volksfront bis hin zu dem blassen Mythos vom »Bündnis des gesamten Volkes«, der den antiimperialistischen Kampf vergiftet. Immer noch im Hinblick auf die Determination eines fundamentalen Einschnitts (im Zusammenhang mit dem leninistischen Einschnitt) wäre der zuletzt genannte Komplex mit einem Prozeß zu verbinden, der sich in den Köpfen der stalinistischen Bürokraten abspielte, als sie 1935, nach der Machtergreifung Hitlers, nach dem Reichstagsbrand etc., eine Internationale (die VII.) simulierten. Nachdem er den Bankrott der Orientierung, die er seit 1929 propagiert hatte, nicht mehr verschleiern konnte, machte sich Dimitroff zum Herold der offiziellen Aufkündigung der sektiererischen Irrtümer der berühmten »dritten Periode«, um nun eine gänzlich andere Politik einzuleiten, die die gesamte kommunistische Bewegung in den schlimmsten Opportunismus stürzte und sie in den Einzugsbereich der Moskauer Politik brachte, die dann bekanntlich im deutsch-sowjetischen Pakt mündete.

Eine andere idealisierte Seite des »Volksfront-Komplexes« ließe sich durch die rosige Bilderwelt aus dem »Geist der Résistance« illustrieren, die mehrere Generationen prägte, durch die Zeit nach der Befreiung, die sich noch nicht von den Illusionen der Vorkriegszeit freigemacht hatte, von den Illusionen des Pazifismus, den Mythen von der Rückkehr in den Alltag, Ausdruck einer systematischen Verkennung der Härte des Klassenkampfes und der Zusammenstöße mit dem Imperialismus . . .

Ich will an dieser Stelle nicht darauf eingehen, ob eine revolutionäre Praxis sich aller Entfremdung durch solche kollektiven imaginären Bildungen entwinden kann, die gleichsam die Perioden der Geschichte markieren, andererseits aber die Massen lähmen, hemmen, ja ihr Verhalten pervertieren können.[7] Dies liefe wohl darauf hinaus, die Bedingungen zu bestimmen, die notwendig sind für die Entstehung von *Subjektgruppen*, die ihre eigene Phantasietätigkeit genügend im

Griff haben, um sie auf *Übergangsphantasien* zu reduzieren – das heißt: auf Phantasien, die die historische Endlichkeit bewußt akzeptieren. Solche Phantasien können die Gruppe davor bewahren, sich durch dominierende *Gruppenphantasien* zu fesseln und sich selbst in eine *unterworfene Gruppe* zu verwandeln. (In diesem Zusammenhang ist zu betonen, daß jede Analyse in diesem Bereich nicht nur die historischen Ausdrücke in ihrer alltäglichen Verwendung berücksichtigen müßte, sondern auch die Konstitutions- und Funktionsmodi der Agenten der Aussage.)

Kehren wir zu den paar Dutzend Delegierten des II. Kongresses der SDAPR zurück. Ganz offensichtlich waren sie unfähig, der Wahrheit ins Gesicht zu sehen und sie auszusprechen, vielleicht deshalb, weil die Wahrheit sie von allen Seiten umgab. Wird es eines Tages erlaubt sein, von ihrem wichtigsten Mann, von Lenin, zu sprechen und eine Phase seines Lebens zu erforschen, die ganz sicher eine der Quellen für den fundamentalen leninistischen Einschnitt gewesen ist, ohne daß man deswegen beschimpft werden wird? Ich meine den Bruch, der in Lenins Leben entstand, als sein älterer Bruder Alexander im Frühjahr 1887 als Hauptverantwortlicher eines Attentatsversuchs auf den Zar Alexander III. hingerichtet wurde. Louis Fischer hat in seiner Lenin-Biographie[8] anschaulich beschrieben, wie sehr die offizielle Geschichtsschreibung die Positionen der beiden Brüder entstellt hat. Für die Stalinisten waren die Dinge ganz einfach: auf der einen Seite der Terrorist Narodnik, auf der anderen der junge Marxist, der beim Tode seines Bruders folgende Rede hielt: »Nein, wir werden einen solchen Weg nicht gehen, einen solchen Weg dürfen wir nicht gehen . . .«

In Wirklichkeit hatte Wladimir – der spätere Lenin, der gerade 17 Jahre alt war – zu dieser Zeit keineswegs den revolutionären Weg seines Bruders betreten. Die beiden verstanden sich übrigens nicht besonders gut. Wladimir war ein begeisterter Schachspieler und Turgenjew-Leser, während Alexander Marx ins Russische übersetzte, *Das Kapital* studierte und eine militante Gruppe leitete, die sich sowohl auf die »Narodnaja Wolja« als auch auf die marxistische Gruppe um Plechanow berief. Alexander, der sich hartnäckig weigerte, den Zar um Gnade zu bitten, wurde zu einer legendären Figur für die russischen Revolutionäre. Wladimir interessierte sich erst nach dem Tode seines Bruders für dessen Ideen und zeigte anfangs die gleichen Sympathien für die Narodniki wie Alexander. Sein ganzes Leben lang warfen die legalistischen Sozialdemokraten Lenin seine Neigung zum Terrorismus und zu Formen der Untergrundorganisation vor, obwohl er schon frühzeitig zum geharnischten Gegner der Narodniki wurde.

Da haben wir also einen sehr *realen* Einschnitt, der für die Zukunft des Studenten einen tiefen Umbruch bezeichnete. Will man jenseits aller theoretisch-politischen Bekundungen den ursprünglichen, unumstößlichen Unterschied zwischen Lenin und beispielsweise Trotzki in ihrem Verhältnis zur Realität erfassen, muß man zweifellos bis zu diesem Punkt zurückgehen.

Trotzki kam aus einer ganz anderen Welt: ebenfalls zerrissen, aber von einem weniger greifbaren Einschnitt geprägt, einem Einschnitt, der sich eher im imaginären Bereich zeigte. Es gibt einigen Grund anzunehmen, daß Trotzki wegen seiner jüdischen Herkunft sein ganzes Leben auf der Suche war nach einer neuen Verwurzelung, einer Legitimierung, ohne die Gefahr einer massiven Identifikation mit dem herrschenden Bild zu scheuen. Sein Pseudonym stammte von einem seiner ehemaligen Gefängniswärter von Odessa; dessen Namen trug er bei seiner Flucht aus Irkutsk in einen gefälschten Paß ein. Darf man hoffen, daß die historische Analyse eines Tages der Frage von Isaac Deutscher auf den Grund gehen wird: »Ist es möglich, daß sich der Flüchtige auf dieser waghalsigen Flucht mit seinem Wärter vielleicht deshalb identifizierte, um ein unbewußtes Sicherheitsbedürfnis zu befriedigen?[9]«, ohne daß die Beschäftigung mit diesem Problem die sensiblen Seelen zum Erzittern bringen wird und ohne den stalinistischen Rassismus aufzuwecken?

Dann hätten wir vielleicht bessere Schlüssel zur Interpretation von Fakten, die auf den ersten Blick verwirrend erscheinen, so zum Beispiel das von Trotzki benannte *Motiv*, den ihm nach dem Oktobersieg von Lenin angebotenen Posten des Chefs der ersten Sowjet-Regierung abzulehnen, das Motiv nämlich, er sei Jude.[10] Vielleicht könnte man auch für Trotzkis Weigerung, die Vizepräsidentschaft im Rat der Volkskommissare zu übernehmen, eine bessere Interpretation finden als

Deutscher, der sie ein wenig voreilig mit schlichter Eifersucht erklärt. Vom April 1922 bis zu seinem Tode hatte Lenin immer wieder darauf gedrängt, Trotzki möge diesen Posten annehmen, damit Stalin an der Spitze des Parteiapparates nicht ohne Gegengewicht bliebe.[11] Es war eine eingeschriebene Matrix, die Trotzki zu einem Hamlet machte, der sich bis zur letzten Minute weigerte, offensiv gegen Stalin vorzugehen, trotz der inständigen Bitten des gelähmten Lenin, der auf dem Sterbebett lag. Erst nach Lenins Tod engagierte Trotzki sich gegen die Bürokratie, zu einem Zeitpunkt, als die Situation nicht mehr zu korrigieren war.

Wenn es stimmt, daß Entwicklungen von dieser Tragweite schon in dem Spektakel-Vorschlag des II. Kongresses der SDAPR angelegt waren, daß sie schon fühlbar waren in der Verlängerung der unbewußten Ketten, die sich auf dem Kongreß entfalteten, wird verständlich, daß die Akteure an der bedrohlichen historischen Wahrheit erblindeten und versucht waren, sich in stereotype Abwehr, in vorgefertigte Einstellungen zu flüchten[12] – außer Lenin, der, im Gegensatz zu den anderen, gestärkt aus dieser Prüfung hervorzugehen schien, entschlossener denn je, mit der Kameraderie in der Sozialdemokratie Schluß zu machen. Dennoch schrieb er gleich nach dem Kongreß an Potressow, er frage sich nun, weshalb sie sich wie Todfeinde gegenübergestanden hätten; er sei sich bewußt, daß er während des Kongresses aus Zorn oft *dumm* gehandelt habe, er sei jedoch bereit, diesen Fehler vor jedermann offen zuzugeben, sofern man überhaupt einen Fehler nennen könne, was aus der Atmosphäre, aus Reaktionen, Wortgefechten und Kämpfen heraus entstanden sei.[13]

Ohne die Ernsthaftigkeit solcher Bemerkungen anzuzweifeln zu wollen, darf man wohl annehmen, daß Lenin sich keinerlei Illusionen über die Möglichkeiten machte, die Scherben wieder zu kitten. Für ihn war die Entscheidung gefallen. Gewiß, alte Genossen konnten zu der Gruppe zurückkehren, in der Lenin die Majorität der Partei erblickte, aber einzig auf der Basis eines neuen Zentralismus und ohne diesen je wieder in Frage zu stellen. In Wirklichkeit strömten diejenigen, die sich zunächst nur formell zu der leninistischen Fraktion bekannt hatten, zurück zu dem inkohärenten Haufen der Menschewiki. Viele von ihnen waren nach dieser harten Prüfung für immer gezeichnet, so zum Beispiel Martow, der seine Skrupel und Selbstzweifel über Zimmerwald und den Oktober 1917 hinaus bis zu seinem Tode im Exil im Jahre 1923 nicht mehr überwand.

Wenn wir heute davon ausgehen können, daß die fundamentale Wahl des Leninismus seit dieser Zeit entschieden war, so gilt das nicht gleichermaßen für die anderen Konzepte. Es scheint, als wären die Alternativen gegenwärtig noch immer dabei, sich ihre Darsteller zu suchen. Das militante Theater von 1903 war freilich noch weit davon entfernt, sich in die ungeheure Menschen fressende Maschine des nachrevolutionären Rußland zu verwandeln, in das vorfabrizierte, gesteuerte Theater, das den Leuten vorschreibt, daß sie nun ein für alle Mal für die »offizielle Geschichte« sein müssen, und das ihnen sagt, was sie nie gewesen sein werden.

An dem Punkt, bis zu dem wir gekommen waren, war Stalin, der Mann ohne Fehler, der Mann ohne Spalten, wenn es so etwas je gegeben hat, noch nicht zum Prototyp und Führer eines manichäischen Pseudo-Bolschewismus geworden; Trotzki hatte man noch nicht das Wort verboten (bevor man ihn schließlich ermordete); Kamenew und Sinowjew waren noch nicht endgültig die Verräter, die schon immer auf ihre große Stunde gewartet hatten. Fügen wir noch hinzu, daß Lenin damals selbst noch keineswegs der Vertreter eines unerbittlichen Zentralismus war. In Wirklichkeit war der Zentralismus 1903 in Mode, sogar bei der Sozialdemokratie: War der ehrwürdige Plechanow nicht selbst Zentralist? Und der junge Trotzki – holte der sich nicht seine großen Redeerfolge, indem er sich noch zentralistischer gab als Lenin?

Was bisher bruchstückhaft und sehr approximativ gesagt wurde, soll lediglich dazu dienen, zu illustrieren, daß ein Einschnitt wie der, der die russische Sozialdemokratie 1912 offiziell in zwei unversöhnliche Parteien spaltete, mitsamt den Konsequenzen, die das für den Ablauf der Revolution hatte, lange Zeit vorher »gegen-determiniert« gewesen sein kann; mit einem Ausdruck von Freud könnte man sagen, es war ein *nachträglicher*[14] Einschnitt, dessen rückwärtige Verlängerung sich in einer ganz anderen Ordnung bewegt, als die es ist, die in der Regel von der Geschichtsforschung unter die Lupe genommen wird. Ich denke insbesondere an ein Detail, das hier kaum in Erscheinung getreten ist und das ich die »militante Vorstellung« nennen will, die selbst nur die Manifestation von unbewußten Signifikanten, potentiellen Aussagen und kreativen Brüchen ist.

Es scheint, als verfüge die Geschichte nur über zufällige Stützpunkte, um ihre Diachronie wieder in den Griff zu bekommen: mehr oder weniger unbewußte Aktualisierungen der Einschnitte durch *kollektive Agenten der Aussage,* das heißt durch Subjektgruppen oder, für die Gegenwart, durch aktive politische Gruppen. Mit Sicherheit wird man einer solchen Formulierung den Vorwurf machen, die historische Kausalität auf die »unwichtige Seite der Dinge« abzuwälzen. So gesehen, stimmt das sogar; genau darum geht es. Wie lange werden die Massen sich für die »wichtige Seite« der Dinge opfern, bis zu welchem Punkt sind sie entschlossen, ihre fundamentalen historischen Aufgaben zu erfüllen? Unter welchen Bedingungen sind sie bereit, »wie ein Mann zusammenzustehen«, um eine so ungeheure Kriegsmaschine in Gang zu setzen wie die, die 1917 alles hinweggefegt hat? Ist nicht die erste Bedingung die Garantie, daß gerade die »unwichtige Seite der Dinge« ernst genommen wird, daß nicht das in den Dreck gezogen wird, was für die Massen das Salz, das Leben und die Quelle ihres Wunsches ist? Wenn diese erste Bedingung nicht erfüllt wird, hat der Todestrieb freie Bahn; er wird sich auf der kollektiven Ebene verselbständigen.

Der Wunsch und die Subjektivität, die sich auf der kollektiven Ebene herausbilden, sind notwendigerweise mit den Massen verwandt und können nur in sehr mittelbarer Beziehung zu den fundamentalen historischen Zielen stehen, die zu der Zeit, da sie ausgesprochen werden, zwangsläufig programmatisch und abstrakt bleiben müssen. Die Analyse, verstanden als revolutionäre Unternehmung, könnte dazu beitragen, zwischen diesen getrennten Ordnungen eine Brücke zu schlagen, zwischen dem, was geschieht, und dem, was man sagt, genauer: dem, was auf der Ebene des vollen Sprechens innerhalb der faktischen oder formellen militanten »Generalstäbe« nicht geschieht und nicht gesagt wird, all den Dingen, die – leider – einen außerordentlich großen Einfluß auf die Ausdrucksmöglichkeiten der Massen haben und überdies gekoppelt sind mit ihrer Neigung zur tödlichen Selbstunterdrückung auf dem

Gebiet der Innovation, der Spontaneität und des Wunsches. Zusammenfassend könnte man sagen: Aufgabe einer solchen Analyse wäre das Erfassen und die Interpretation der Koeffizienten der Transversalität, relativ zu den jeweiligen sozialen Bereichen.

Integration der Arbeiterklasse und analytische Perspektive[15]

Mit dem Jahre 1936 begann eine politische Transformation der französischen Gesellschaft, die inzwischen zur Integration der Arbeiterorganisationen in das kapitalistische System geführt hat. Das auslösende Moment waren dramatische Konjunkturkrisen. Aber dann hat sich die Arbeiterbewegung fortschreitend in die legale Ordnung eingefügt – da hilft auch kein lautstarker Protest ihrer Wortführer, der ohnedies erheblich nachgelassen hat. Im ideologischen Kontext der rein theoretisch friedlichen Koexistenz der Staaten und, implizit, der Klassen ist der »Geist des Klassenkampfes« bei den Kommunisten so gut wie erloschen. In der Tat ist es – sieht man von den Grundsatz-Erklärungen auf den jährlichen Kongressen ab – eine ausgemachte Sache, daß die auf Veränderung bedachten Bewegungen von allen politischen Initiativen abgeschnitten bleiben, die den Kapitalismus ernsthaft in Gefahr bringen könnten. Schon 1936 und 1945, als die Kräfteverhältnisse weitergehende Veränderungen erlaubt hätten, ließen sich die kommunistischen Führer von Vorstellungen über die Integration der Arbeiterklasse leiten, die schließlich zur Stabilisierung des Kapitalismus, ja zu seiner Entfaltung beigetragen haben.

Mit der Chruschtschow-Ära wurde ein weiterer Schritt getan; die faktische ›Sozialdemokratisierung‹ der Parteien wurde zu einer rechten Ideologie. Man kann zwar nicht explizit behaupten, die kommunistischen Parteien seien gute und loyale Diener des Kapitalismus; vernimmt man jedoch ihre Überlegungen zum »Interesse der Nation«, zur Einheit des Volkes – einschließlich der kleinen Kapitalisten –, dann wird einigermaßen deutlich, daß kommunistische Minister die besten Verwalter eines »linken« Kapitalismus wären, sorgfältig darauf bedacht, nichts Grundlegendes zu ändern. Die erste

Erfahrung auf diesem Gebiet haben wir hinter uns; ich meine den Wiederaufbau der Wirtschaft, der französischen Armee und der Union unter der Drei-Parteien-Regierung nach der Befreiung. Daß die KPF, lange nach der italienischen KP, nun ebenfalls versucht, sich einen liberalen Anstrich zu geben, daß sie jetzt den Gedanken akzeptiert, ein Parteienpluralismus könne zum Sozialismus führen etc., ändert daran überhaupt nichts. Für den Morgen nach der Revolution gibt sie sich um so liberaler, je weniger sie entschlossen ist, eine Revolution zu machen.

Wir befinden uns also in einem Prozeß, der nicht nur die Deformierung des politischen Lebens der Arbeiterklasse betreibt, sondern rückwirkend des politischen Lebens insgesamt, insofern auch heute noch gilt, daß der Klassenkampf ihm den fundamentalen Impuls gibt. Wo anscheinend über Politik geredet wird, das heißt über Bewegungen, Vorhaben, Projekte, die die politische Macht antasten könnten, wird in Wirklichkeit lediglich eine Pseudo-Mitbestimmung organisiert, die Verbraucher werden »zu Rate gezogen«, man versucht, sie für Probleme des Lebensstandards zu »interessieren«, für Fragen der Normalisierung des ökonomischen Prozesses, der »Anpassung« auf regionaler und nationaler Ebene, der Investitionen, der Verteilung von Arbeitskräften, des Konsums etc., Fragen, die in Wirklichkeit allesamt von den Technokraten und Lobbyisten manipuliert sind.

Der Bourgeoisie fällt es um so leichter, diese Entpolitisierung zu begünstigen, als die wichtigsten ökonomischen Entscheidungszentren nicht mehr im Rahmen der bestehenden nationalen Einrichtungen lokalisierbar sind; sie wurden verlagert auf imperialistische und oligopolistische Einheiten, die wiederum nicht mit den »großen Märkten« – etwa der Europäischen Wirtschaftsgemeinschaft – zusammenfallen. Die internationalen und kosmopolitischen Treffpunkte des Kapitalismus sind selbst Schaltstellen der Entpolitisierung – im Sinne der traditionellen Staatspolitik –, da ihre auf Profit gegründete Wirtschaftsstrategie die nationalen Grenzen nicht mehr respektiert, sondern auf lange Sicht mit der »Öffnung« zum Osten und der Dritten Welt kalkuliert, in der Hoffnung, auch diese Bereiche eines Tages zu integrieren. Wir beobachten somit eine generelle Tendenz der Industriegesellschaften zur Zerstörung oder Aufhebung der *politischen Gesellschaft*.

In einer bestimmten Phase des Klassenkampfes bildete die politische bürgerliche Gesellschaft noch ein notwendiges Gegengewicht zu diesen Entwicklungen; aber in dem Maße, in dem die nationalen Arbeiterklassen durch die Winkelzüge ihrer Organisationen neutralisiert werden, schwindet jede Perspektive einer revolutionären Machteroberung der Massen. Und die »Modernisten«, die sich für eine »linke Regierung« aussprechen, haben aus guten Gründen die Furcht vor einer kommunistischen Regierungsbeteiligung längst abgestreift; sie wünschen diese Beteiligung geradezu, denn sie können sicher sein, daß von der KPF kein Ausbruch mehr zu erwarten ist, daß die Kommunisten ganz im Gegenteil effizienter wären als die CRS, wenn es darum ginge, mögliche Massenbewegungen im Zaum zu halten.

Wir müssen verstehen, daß der »Verrat« der KPF nichts anderes ist als ein verzweifelter Versuch dieses traditionellen Organismus zur Selbsterhaltung unter radikal veränderten Produktionsverhältnissen – Produktionsverhältnissen, die eine ebenso radikale Veränderung der Methode, der »Linie« und der Beschlüsse aus der »guten alten Zeit« der Volksfront erfordert hätten. Statt dessen versucht die KPF um jeden Preis, den todkranken Mythos einer Einheitsfront mit den Sozialisten, den mutmaßlichen Vertretern der sogenannten »antimonopolistischen Schichten«, den Mittelschichten, den leitenden Angestellten etc. wiederzubeleben. All das hat natürlich keinerlei Glaubwürdigkeit und interessiert so gut wie niemanden – augenommen die professionellen Wahlzuhälter. Es handelt sich um eine oberflächliche Aktivität ohne wirkliche politische Tragweite, die jedoch mit Sicherheit in den Gewerkschaften zur Wirkung kommt, deren Funktionäre die eigentlichen Vollstrecker der Integration der Arbeiterklasse geworden sind.

Unter diesen Umständen ist die KPF außerstande, die Mythen der Konsumgesellschaft zu bekämpfen, da sie keine Alternative anzubieten hat. Verglichen mit der Arbeit der KPF sind die Anstrengungen der linken Gruppen ohne Zweifel ein Versuch, die fundamentalen Themen einer autonomen und revolutionären Politik der Arbeiterklasse aufrechtzuhalten. Unglücklicherweise bleiben sie in ihren Schwierigkeiten stecken – ein trauriges Schauspiel. Aus der »Reise durch die Wüste« von der KPF zu den Splittergruppen, die manch einer hinter sich hat, haben wir immerhin gelernt, daß es zur Zeit keinen einzigen organisatorischen Ansatz gibt, der die totale theoretische und praktische Schwäche überwunden hätte, der nicht in eine Problematik verstrickt wäre, die seit mindestens vierzig Jahren verjährt ist.

Wenn es der KPF einmal gelingt, eine Situation »objektiv« zu analysieren, folgt sogleich eine Rechtfertigung des plattesten Opportunismus, der Vernachlässigung der fundamentalen Begriffe des Marxismus, die erlauben würden, die konkreten Kämpfe in einer nicht illusorischen Gesamtperspektive zu artikulieren. Und wenn die Splittergruppen ein revolutionäres Programm verteidigen, tun sie es unter Mißachtung der aktuellen Gegebenheiten und Handlungsbedingungen, da ihre Interpretation durch den ideologischen Raster verzerrt ist.

So bleiben die KPF und ihre Organisationen trotz allem die einzigen, die einen minimalen Zusammenhang mit der gesellschaftlichen Realität bewahren. Der Auftrag ihres ganzen Apparates scheint darin zu bestehen, den latenten Reformismus der Arbeiterklasse aufzugreifen. Aber im Unterschied zu Lenin, der das Wesen dieses Reformismus analysiert hat, betreibt die KPF die Anpassung an den Reformismus, ja sie geht ihm sogar jeweils einen Schritt voraus, was sich zum Beispiel an ihrer Funktionärspolitik zeigt. Gibt es denn noch einen vernünftigen Grund anzunehmen, daß dieser Apparat ein »Analysator« des sozialen Unbewußten der Arbeiterklasse sein könnte? Und wie verhält es sich andererseits mit der Annahme, daß die Splittergruppen heute die einzigen sind, die die historische Aufforderung an die Arbeiterklasse verkörpern, den Klassenkampf einer neuen Gesellschaft hervorzubringen, eine klassenlose Gesellschaft hervorzutreiben?

Mir scheint, daß die Bruchstelle zwischen zwei Formen der sozialen Subjektivität – der mehr oder weniger von der KPF kanalisierten reformistischen Arbeitersubjektivität und der mehr oder weniger von den Splittergruppen verkörperten revolutionären Subjektivität – der Ausgangspunkt für eine sinnvolle analytische Anstrengung und der Kontaktpunkt zwischen Gruppen mit einem analytischen Interesse und den sozio-professionellen und politischen Gruppen sein könnte.

Die Erfahrungen der linken Opposition und der FGERI haben uns geholfen, die Schwierigkeiten und Gefahren eines solchen Projekts genauer einzuschätzen. Aber solange wir mit einem Fuß im Reformismus, im Gelände der KPF, stehen und mit dem anderen in einem Dogmatismus, der dem der Splittergruppen sehr ähnlich ist, haben wir allen Grund anzunehmen, daß unsere Erfolge in der FGERI weder die Bildung einer revolutionären Avantgarde beschleunigen noch dazu beitragen, die Arbeiterbewegung vor dem Verfall zu bewahren.

Vielleicht haben wir uns an einem besonders heiklen Punkt im Widerspruch festgefahren: Wir haben recht und schlecht einen Anspruch aufrechterhalten, der beinahe eine analytische Anmaßung ist, nämlich das Angebot, in unmittelbarer Verbundenheit mit den Massen und in ständiger Diskussion der fundamentalen politischen Probleme den schädlichen Riß zwischen der Politik und dem Gewerkschaftswesen zu schließen. Die Realität der Arbeiterklasse, der Jugend und der Studenten ist, daß sie permanent durch Produktion, Waren, Resultate, Diplome etc. definiert werden. Ihre einzige Zuflucht sind verkalkte Organisationen, die sie angeblich repräsentieren, sich ihnen aber in Wirklichkeit substituieren. Das ist nichts anderes als der soziologische Ausdruck der Konservierung von institutionellen Objekten, die keinerlei Substanz mehr haben – reine Wiederholung einer bürokratischen Routine und des leeren Sprechens. Im gleichen Sinne wie der Unternehmerapparat oder der Staatsapparat sind diese leeren institutionellen Objekte Instrumente der Entfremdung der Arbeiterklasse; genau sie tragen dazu bei, die Arbeiterklasse von der revolutionären Erfahrung fernzuhalten. Und kein revolutionäres Programm kann diese Objekte auflösen; sie konstituieren das eigentliche Räderwerk der Anti-Produktionsverhältnisse. Was sie angeht, so sind alle Vermeidungsstrategien möglich. Die stalinistischen und sozialdemokratischen Organisationen werden von denen, die sie ertragen müssen, als ein notwendiges Übel erlebt. Eben dies sollte und müßte uns lehren, daß die Zerstörung solcher Versteinerungen und die Transformation der linken Splittergruppen die Entwicklung eines neuen Bezugsrahmens und die Herstellung neuer Organisationsformen gebieten, so neu, daß der Markt des Marxismus-Leninismus mit dem Assortiment, das er zur

Zeit feilbietet, nicht die Spur einer Vorstellung davon vermitteln könnte.

Die revolutionäre Avantgarde hat die unbewußten Prozesse verkannt, die mit den sozio-ökonomischen Mechanismen gekoppelt sind; infolgedessen ist die Arbeiterklasse der modernen Entfremdungsmaschine wehrlos ausgeliefert. Die Wurzeln der bürokratischen Organisationen, die angeblich die Arbeiterklasse repräsentieren, liegen in dem Gewebe des sozialen Unbewußten. Solange die Avantgarde entwaffnet und desorientiert vor diesen Strukturen der sozialen Neurose steht, von denen der Bürokratismus nur ein Symptom ist, gibt es keine Chance, daß sich diese todbringenden Strukturen auflösen werden. Der Chruschtschowsche »Liberalismus« ist keineswegs ein Schritt nach vorn; weit entfernt, den inneren Bürokratismus abzuschwächen, scheint er ihn vielmehr unter der gefälligen Maske der »Reform« geradezu zu verstärken.

Genau in dem Maße, wie sich der Kapitalismus als unfähig erweist, seine fundamentalen institutionellen Widersprüche zu überwinden, wächst sein bürokratischer Krebs. Dort, wo er gestern noch eine radikal-sozialistische Republik benötigte, braucht er heute einen *festen Rahmen* für die Produktionsmittel, insbesondere für die Fluktuation der Arbeitskräfte. Wenn die Organisationen der Arbeiterklasse der »Mitbestimmungspolitik« in die Falle gehen, wenn es ihnen nicht gelingt, einen Prozeß der revolutionären Institutionalisierung im Stil einer Doppelherrschaft in Gang zu setzen, ist von den zukünftigen Kämpfen nicht viel zu erhoffen. Im Bolschewismus lag ein gewisses Abwehrpotential gegen den Bürokratismus; aber heute haben wir eine andere Situation. Heute geht es darum, die »Mitbestimmungspolitik« in ihrem Kern zu decouvrieren. Seine theoretischen Schwächen haben den Leninismus nicht daran gehindert, sehr genau den Mechanismus zu erkennen, der die Arbeiterklasse, sobald sie sich selbst überlassen ist, dazu treibt, in den »Trade-Unionismus« zu verfallen, dem Verlangen den Primat vor dem Wunsch einzuräumen. Die leninistische Form des politischen Einschnitts, der Abtrennung eines institutionellen Objektes, die allein aus professionellen Revolutionären zusammengesetzte Bewußtseins- und Aktionsmaschine, war – wie die Geschichte gezeigt hat – zwar einer Situation wie der Rußlands im Jahre 1917 angemessen, nicht aber der in den hochgradig entwickelten kapitalistischen Ländern; sie ist nicht auf Systeme eingestellt, in denen die Macht sich nicht mehr in einer greifbaren Oligarchie – in »zweihundert Familien« – konzentriert, sondern in den Knoten eines unendlich komplexen Netzes von Produktionsbeziehungen.

Wie dem auch sei, der Leninismus hat uns auf jeden Fall die Richtung gezeigt, in die unsere Überlegungen gehen müssen, wenn wir das erforschen wollen, was ich mangels einer besseren Bezeichnung »Gruppenkastration« oder »leninistischen Einschnitt«[16] genannt habe; ich meine die Einwirkung von Subjektgruppen auf die alltäglichen menschlichen Beziehungen. Was passiert, wenn eine so fest verschweißte Maschine wie Lenins Partei in Aktion tritt? Das ganze gewohnte Spiel wird verdorben. Den Ausspruch von Archimedes paraphrasierend forderte Lenin, man solle ihm eine Partei geben, und er werde Rußland aus den Angeln heben. Und wir – welche revolutionäre Maschine könnte heute die Zitadellen des Bürokratismus aufbrechen und die Revolution auslösen? Wir müssen Mittel finden, die Mechanismen zu erfassen und zu interpretieren, die der Identifikation der Lohnarbeiter mit den Gadgets der Ausbeuter zugrunde liegen, die die Kontinuität der KPF und der CGT etc. in Schwung halten; wir müssen herausfinden, warum die Arbeiter sich ihnen immer wieder anvertrauen, obwohl sie sie verabscheuen. Erst dann lassen sich – vielleicht – die repetitiven Mechanismen brechen, denen die Arbeiterklasse zum Opfer gefallen ist.

Die Gewerkschafts- und Integrationistenmentalität ist tief in den Köpfen verankert. Fragen will man nur dann hören, wenn sie »dringlich« sind, wenn es Skandale gibt. In Wirklichkeit erwartet man, daß der Chef und der Minister ihrer »Pflicht nachkommen«; niemals wird die Legitimität ihrer Macht wirklich in Frage gestellt. Wie soll es da gelingen, mittels politischer Analyse eine Bresche zu schlagen und ihr zur Verstärkung Stützpunkte außerhalb des Üblichen zu verschaffen? »Die Leute sollen sich versammeln, sie sollen frei diskutieren und so weit wie möglich aus dem abgekarteten Spiel heraustreten, sich nicht mehr an die alten Abmachungen halten . . .« Viel mehr haben wir im Grunde nicht entdeckt. Aber ist nicht diese Dezentrierung das Wesen des politischen

Einschnitts, einer *anderen* Politik, einer Politik der Andersartigkeit, einer revolutionären Politik?

Die Arbeit, die bisher von der FGERI geleistet wurde, soll nicht überbewertet werden. Sie hat sich vorwiegend mit Bereichen beschäftigt, die kaum vom Stalinismus gezeichnet und überdies vom Kapitalismus relativ unberührt waren (Lehre und Unterricht, Urbanismus, Gesundheitswesen etc.); ich sage »relativ«, weil die Dinge sich entwickeln, weil auch der Status der Mittelklassen und der Arbeiterklasse sich entwickelt – nicht zur Konstituierung einer »neuen Arbeiterklasse«, sondern zu einer *neuen Situation* der Arbeiterklasse. Nehmen wir zum Beispiel die Psychiatrie. Dort haben wir die Schwäche der Gewerkschaften direkt zu spüren bekommen, ihre Unfähigkeit, ein Programm mit kohärenten Forderungen für das psychiatrische Pflegepersonal zusammenzustellen. Bekanntlich ist der Beruf des Pflegers wegen der Entwicklung der medizinischen Techniken und der institutionellen Innovationen von gravierenden Veränderungen betroffen. Die Pfleger werden zu hochqualifizierten Technikern, die in Zukunft möglicherweise einen großen Teil der Rolle erfüllen, die traditionellerweise dem Psychiater zugedacht war (Sektor-Politik, Hausbesuche etc.). Aber die Gewerkschaften wollen von alledem nichts wissen; für sie zählt nur die Verteidigung der alten Errungenschaften. Sie sind zum Beispiel nicht willens, das System des »drei mal acht«[17] zu revidieren, obwohl es das Leben in der Institution lähmt. Sie verteidigen jeden Millimeter einer Hierarchie, die von der Mehrheit des Personals als Absurdität empfunden wird. Bei einem Versuch, in diese Hierarchie einzugreifen – durch die Gründung eines Personalvereins – hat sich gezeigt, daß die Bürokraten in große Verlegenheit geraten, wenn sie eine präzise und sinnvolle Antwort auf konkrete Probleme geben sollen, einmal abgesehen von Verleumdungen und – was natürlich nicht ausblieb – Ausschlußdrohungen der CGT: »Ihr seid Gaullisten, ihr handelt gegen die Gewerkschaften, ihr habt kein Recht, euch über ihre Köpfe hinwegzusetzen . . .« Dabei forderte man gar nicht viel – nur das Recht, sich zu versammeln und ohne Rücksicht auf Diplome über die Arbeit zu diskutieren; eingeladen wurden Bezirksleiter, Bürokraten, Psychiater, Medizinalassistenten, Stationspersonal etc. Innerhalb von wenigen Wochen hatten mehr als fünfzehn Krankenhäuser ihren Personalverein, es gab Zusammenschlüsse, nationale Treffen, gegenseitige Besuche, Erfahrungsaustausch und außerordentlich wichtige Hinweise auf das, was in den Abteilungen wirklich passiert. Die CGT veranschlagte den Preis und brachte es fertig, diese Bewegung zu liquidieren.

Auch wenn die analytischen Effekte eines solchen Unternehmens unbestreitbar sind – um das zu zeigen, müßte man allerdings in die Details gehen –, würde es ganz von selbst auf seine Grenzen stoßen, aufgrund seiner Isolierung: Es gibt keine Koordination, die den politischen und theoretischen Durchbruch konsolidieren und ein für seine Verteidigung günstigeres Kräfteverhältnis erzeugen könnte. Den bürokratischen Apparat punktuell zu lähmen, ist sicherlich wichtig; noch wichtiger wäre es, seine gesamte Entwicklung zu neutralisieren. Es liegt auf der Hand, daß eine solche Arbeit nicht sehr weit führen kann, wenn sie im Rahmen der genannten Erfahrungen oder im Rahmen von Interventionen auf breiterer Basis, wie sie etwa seit einigen Jahren von den Genossen der Hispano-Gruppe[18] organisiert werden, verharrt. Die Schwelle zu überschreiten, an der wir regelmäßig steckenbleiben, wäre erst durch eine komplexe Interaktion vieler Interventionen möglich. Es muß indessen noch einmal wiederholt werden, daß analytische Forschungs- und Interventionsgruppen, die mit mehr oder weniger Erfolg in verschiedenen Bereichen Wurzeln schlagen, leicht das Opfer von Illusionen werden, solange es nicht sehr viel mehr Gruppen von der Art gibt, die wie die Hispano-Gruppe in Schlüsselsektoren der Produktion agieren. Worauf es heute ankommt, ist jedenfalls nicht die Verstärkung einer hochgradig zentralisierten Partei, sondern der Möglichkeit für die Massen, ihr Schicksal unter ihre eigene Kontrolle zu bringen. Revolutionäre Politik in diesem Zusammenhang wäre das Ausschalten des Verlangens, das Ausschalten des »ganz natürlichen« Verständnisses der Dinge, es wäre die Revolution, die »Geschichten macht«, die ausgeht von Ereignissen, die dem »gesunden Menschenverstand« zufolge gar nicht der Mühe wert sind, beachtet zu werden, von Putzfrauen- und Besenkammer–Geschichten, von der täglichen Erniedrigung durch eine maßlose Hierarchie . . . Der Aufstieg solcher Situationen zu Schlüsselsignifikanten der kapitalistischen Macht kann sich allmählich oder – je nach dem – blitzartig vollziehen. Und der Aufstieg selbst stellt eine Transformation dar; der Übergang zum Politischen bedeutet einen Einschnitt: *das politische Konzept besteht nicht in der einfachen Verlängerung des Verlangens.*

Die Analyse des Verlangens ist wie eine Säure, die die täglichen Ereignisse der Geschichte abbeizt; sie öffnet die soziale Subjektivität für den Wunsch. In diesem Sinne kennt die Analyse keine Grenzen; das unterscheidet sie von einem in sich geschlossenen Programm. Die analytische Arbeit stellt das politische Konzept fortwährend in Frage; es ist immer wieder *ex nihilo* zu begründen, es wird immer wieder zur Jungfrau gemacht und gleichzeitig durch die analytische Arbeit vor vorbehaltloser Zustimmung bewahrt. Nichts ist gefährlicher als das totale Aufgehen in der angeblichen Wissenschaftlichkeit eines politischen Konzeptes, die durch entsprechende philosophische »Behandlung« erzeugt werden kann. Ich betone nochmals, in diesem Bereich wird es nie eine absolute Sicherheit geben.[19] Kein theoretisch-politisches Konzept könnte allein eine kohärente revolutionäre Praxis garantieren. Der morbide Rationalismus, der unter der Maske einer wissenschaftlichen Neubestimmung von Marx' Werken erscheint, kann zu fatalen Mystifikationen und politischen Irrtümern führen. Der Todestrieb, der in solchen Versuchen wirksam ist, sichert ihnen übrigens einen gewissen Erfolg bei zahlreichen Linken, die sich von dem Sturz der Idole und stalinistischen Dogmen noch nicht erholt haben. Man predigt keinen Opportunismus, wenn man die Theorie dort ansiedelt, wo ihr Platz tatsächlich ist: in der symbolischen Ordnung und nicht in der unmittelbaren realen Effizienz. Wirkliche Erforschung des Unbewußten kann eine analytische Unternehmung nur dann für sich beanspruchen, wenn sie sich auf dem Boden einer revolutionären Praxis profiliert – aus dem einfachen Grunde, weil das Unbewußte nichts anderes ist als das künftige Reale, das transfinite Feld der in den offenen signifikanten Ketten enthaltenen Möglichkeiten bzw. das Feld der Ketten, die zur Öffnung und Artikulation durch einen realen Agenten der Aussage und des Handelns bereit sind. Das läuft auf die Behauptung hinaus, daß sich signifikante Einschnitte – einschließlich der »allerintimsten« und warum nicht auch derer des angeblichen »Privatlebens« – als die entscheidenden Punkte der historischen Kausalität erweisen könnten. Wer kann sicher sein, daß eine künftige Revolution ihre Prinzipien nicht nach Ausdrücken von Lautréamont, Kafka oder Joyce deklinieren wird? Stützen sich die imperialistischen und die sogenannten sozialistischen Regierungen nicht zur Zeit auf Institutionen und Verhaltensweisen, die beispielsweise durch die traditionelle Familienstruktur und den Konsum bedingt sind?

Die Blockierungen und potentiell revolutionären Brüche vollziehen sich synchron auf allen Ebenen des Subjekts und der Geschichte. Im Bereich der internationalen Beziehungen zerrütten irreversible Widersprüche das Gleichgewicht der Welt. Dies gilt in dem Maße, in dem die bestehenden Regierungen sich als unfähig erweisen, ein System von internationalen Beziehungen hervorzubringen, das geeignet wäre, die signifikanten Brüche, die bedeutenden Haltestellen der zeitgenössischen Geschichte diplomatisch auszudrücken und zu vermitteln. Die stalinistischen und sozialdemokratischen Partner des Imperialismus werden künftig immer weniger in der Lage sein, die unterdrückten Völker und die ausgebeuteten Massen zu *repräsentieren* und in ihrem Namen zu verhandeln – immer weniger, obwohl sich noch nichts Entscheidendes getan hat, die Höllenmaschine des »Substitutionalismus« zum Stehen zu bringen. Der Prozeß, der den direkten Einfluß der revolutionären Massen auf ihre historische Bestimmung wiederherstellen soll, hat kaum begonnen. Da, wo wir sind, müssen wir damit rechnen, daß das Dilemma, in dem sich die internationale revolutionäre Bewegung befindet, noch mehr von diesen ungeheuren Massengräbern als Zeugnis hinterlassen wird, wie wir sie in Vietnam, in Indonesien finden – Beinhäuser nach dem Vorbild der Pariser Kommune. Lobreden auf die Verdienste des heroischen vietnamesischen Volkes sollten uns nicht von der Wahrheit ablenken: Dieses Opfer hat auch etwas mit »opfern« zu tun; es besteht eine Symmetrie zwischen der Ungeheuerlichkeit des Opfers und der Deformation der »Generalstäbe« der internationalen Arbeiterbewegung, die das vietnamesische Volk in seinem Kampf ebenso alleingelassen haben wie gestern die Spanische Republik.

Dies ist die Lehre, die wir ziehen können, und der Preis

dafür, der Wahrheit ins Gesicht zu sehen. Wir müssen wieder bei Null anfangen; wir müssen uns neu orientieren; wir müssen Schluß machen mit der Strategie und der Theorie einer kommunistischen Bewegung aus vergangenen Zeiten.

1966-1967

Anmerkungen:

1 Zusammenfassung eines Kommentars über das dreibändige Werk von Isaac Deutscher, *Trotzki;* der Kommentar wurde in Juni 1971 in der Zeitschrift *Critique* veröffentlicht.

2 Vgl. S. Kierkegaard zu den Begriffen »Wirklichkeit« und »Notwendigkeit«.

3 I. Deutscher, *Der bewaffnete Prophet,* Stuttgart 1962, S. 659.

4 Siehe die französische Übersetzung von 14 Nummern der *Isvestia* von Kronstadt in: *La Commune de Cronstadt,* éd. Bélibaste; vgl. auch *Ni dieu ni maître,* S. 556.

5 Sozialdemokratische Arbeiterpartei Rußlands.

6 Deutscher, *Der bewaffnete Prophet,* S. 90; siehe auch Trotzkis Schriften *Bericht der Sibirischen Delegation* und *Unsere politischen Aufgaben.*

7 Isaac Deutscher sagt im Zusammenhang mit einer Analyse des Nationalsozialismus: »Diese politische Neurose der verarmten Millionen gab dem Nationalsozialismus seine Stärke und seinen Auftrieb.« in: *Trotzki,* Bd. III (1963), S. 134.

8 Louis Fischer, *Das Leben Lenins,* Köln/Berlin 1965.

9 Deutscher, *Trotzki,* Bd. I (1962), S. 64.

10 Bei Deutscher heißt es, daß Trotzki den Posten als Chef der Regierung »aus Respekt vor Lenins politischem Vorrang« ablehnte. Mit seiner jüdischen Herkunft begründete er dagegen die Ablehnung seiner Ernennung zum Kommissar für die Inneren Angelegenheiten. Vgl. Deutscher, *Trotzki,* Bd. I., S. 310 f. *A. d. Ü.*

11 *Trotzki,* Bd. II., S. 47 ff., 75 f., 93; die Stalinisten, denen es auf eine Verleumdung mehr oder weniger nicht ankam, qualifizierten Trotzkis Weigerung als – Beleidigung Lenins.

12 Hier läßt sich das anwenden, was Lacan über das subjektive Drama des Wissenschaftlers gesagt hat, der eine wichtige theoretische Krise bewältigen muß. Dieses Drama »fordert seine Opfer, ohne daß irgend etwas darauf hinweist, daß ihre Bestimmung im Ödipus-Mythos läge«; später fügt er präzisierend hinzu: außer, daß sie diesen Mythos selbst in Frage stellen.

13 Deutscher, *Trotzki,* Bd. II.

14 Im Original deutsch. *A. d. Ü.*

15 Bericht über einen Vortrag während eines Praktikums der »Opposition de gauche« in Bièvres, Ostern 1966.

16 Die »Transversalität« ist im Grunde nichts anderes als der Versuch einer Analyse des demokratischen Zentralismus.

17 Schichtdienst von drei verschiedenen Personalgruppen, die innerhalb von 24 Stunden jeweils 8 Stunden in derselben Abteilung Dienst haben.

18 *Ouvriers face aux appareils,* Paris 1970, S. 266 ff.

19 Auch nicht in irgendeinem anderen Bereich; aber darum geht es hier nicht. Auch Lacan schreibt: »Eine vom *Kapital* inspirierte ökonomische Wissenschaft hat nicht notwendigerweise zur Folge, daß diese Wissenschaft eine revolutionäre Kraft wird; es scheint, als bedürfe die Geschichte einer anderen Unterstützung als der einer prädikativen Dialektik.« in: *Écrits*, S. 869.

Alphabetisches Verzeichnis der edition suhrkamp